洪蘭作品集14

大腦科學的教養常識

父母應該把握的幼兒發展關鍵

洪蘭 著

出版緣起

王榮文

一九八四年，在當時一般讀者眼中，心理學還不是一個日常生活的閱讀類型，它還只是學院門牆內一個神秘的學科，就在歐威爾立下預言的一九八四年，我們大膽推出《大眾心理學全集》的系列叢書，企圖雄大地編輯各種心理學普及讀物達二百種。

《大眾心理學全集》的出版，立刻就在台灣、香港得到旋風式的歡迎，翌年，論者更以「大眾心理學現象」為名，對這個社會反應多所論列。這個閱讀現象，一方面使遠流出版公司後來與大眾心理學有著密不可分的聯結印象，一方面也解釋了台灣社會在群體生活日趨複雜的背景下，人們如何透過心理學知識掌握發展的自我改良動機。

但十年過去，時代變了，出版任務也變了。儘管心理學的閱讀需求持續不衰，我們仍要虛心探問：今日中文世界讀者所要的心理學書籍，有沒有另一層次的發展？

在我們的想法裡，「大眾心理學」一詞其實包含了兩個內容：一是「心理學」，指出叢書的範圍，但我們採取了更寬廣的解釋，不僅包括西方學術主流的各種心理科學，也包括規範性的東方心性之學。二是「大眾」，我們用它來描述這個叢書的「閱讀介面」，大眾，是一種語調，也是一種承諾（一種想為「共通讀者」服務的承諾）。

經過十年和二百種書，我們發現這兩個概念經得起考驗，甚至看來加倍清晰。但叢書要打交道的讀者組成變了，叢書內容取擇的理念也變了。

從讀者面來說，如今我們面對的讀者更加廣大、也更加精細（sophisticated）；這個叢書同時要了解高度都市化的香港、日趨多元的台灣，以及面臨巨大社會衝擊的中國沿海城市，顯然編輯工作是需要梳理更多更細微的層次，以滿足不同的社會情境。

從內容面來說，過去《大眾心理學全集》強調建立「自助諮詢系統」，並揭櫫「每冊都解決一個或幾個你面臨的問題」。如今「實用」這個概念必須有新的態度，一切知識終極都是實用的，而一切實用的卻都是有限的。這個叢書將在未來，使「實用的」能夠與時俱進（update），卻要容納更多「知識的」，使讀者可以在自身得到解決問題的力量。新的承諾因而改寫為「每冊都包含你可以面對一切問題的根本知識」。

在自助諮詢系統的建立，在編輯組織與學界連繫，我們更將求深、求廣，不改初衷。

這些想法，不一定明顯地表現在「新叢書」的外在，但它是編輯人與出版人的內在更新，叢書的精神也因而有了階段性的反省與更新，從更長的時間裡，請看我們的努力。

目錄

第三篇 教孩子，慢慢來

第四篇 講紀律，重品德

第五篇 不一樣，別緊張

自序

縮短科學與教養的距離

自從老布希總統在一九九〇年宣布「這是腦的十年」(the Decade of the Brain),匆匆已過了四分之一個世紀,大腦研究在大量經費的支援下突飛猛進,科學家在基因體解碼後,幾乎可以扮演半個上帝的角色了。可是大腦的知識在臺灣還是沒什麼進展,社會的迷信跟半世紀前比起來也沒太大差別,政治人物仍然事事不問蒼生問鬼神。他們若是虔誠的敬神也就罷了,但是其實是利用神祇來達到政治目的,例如今年過年時,南鯤鯓代天府抽出的國運籤為「病中若得苦心勞,到底完全總未遭,去後不須回頭看,心中事務盡消磨」,這明明是個下籤,卻被炒作為上籤。求籤本是因為人看不見未來,所以希望鬼神告知,對籤文的態度應該是有則改之,無則勉之,想不到媒體竟然連著三天大肆渲染,好像這個籤就決定了臺灣的命運,令人不知今夕是何夕,不敢相信當別人不但登陸了月球,還在計畫移民外太空時,我們還在玩「民可使由之，不可使知之」的愚民遊戲。迷信加上政治因素，這對臺灣的科學生活化大大的不利。

另一個到處可見的例子是每年基測或大學指考之前，各廟宇的文昌君桌上都壓滿了准考證，我每回經過時都很替文昌君煩惱，錄取的名額有限，他要保佑誰呢？若是因為供奉的牲禮有差別，那豈不是嫌貧愛富了嗎？而且報上甚至常看到那些沒有猜中明牌的人，會砸神像來洩憤。我們應該鼓勵學生靠自己不要靠運氣，不是嗎？很奇怪的是，我跟父母講這個道理時，他們都點頭，但是仍然把准考證拿去壓在神桌上。為什麼科學的觀念這麼難推呢？我從一九九二年回到臺灣教書後，就一直在想：怎麼樣才能縮短科學跟生活的距離？

更令人擔心的是，迷信對還沒有自我保護能力兒童的傷害。在媒體上常看到吃了可以變聰明的藥丸廣告，將功效吹得天花亂墜，使父母趨之若鶩，後來檢驗出來，都發現裡面有西藥或重金屬成分，西藥傷肝和腎、重金屬傷腦，是愛之反而害之。而且鼓勵孩子用藥物來增進成績是危險、不足取的教育方式，其實孩子只要飲食作息正常，不必吃那些來路不明的補腦丸，大腦一樣發展，還可能發展得更好。二〇〇九年在臺南曾經有個潛能開發班，一期收費三十萬臺幣，要孩子去吞火，這惡行在孩子嘴巴被灼燒之後才爆發出來，當時榮總神經科主任胡漢華醫生曾在記者會上說明大腦跟記憶的關係，強調大腦不可能這樣開發，但是言者諄諄，聽者藐藐；現在這種大腦開發班反而越開越多，業者利用神經科學家在實驗室研究大腦的一些電腦作業，宣稱可以訓練注意力、增進孩子記憶力，且收費越高，越搶手。這種不理性的瘋狂追求聰明，令我們感到宣揚正確的大腦知識是刻不容緩了。

我們的心就像肥沃的稻田，若是不幸讓野草取得先機，稻子就長不出來了。在過去的十年裡，每一年暑假我們都舉辦教師的大腦研習營，將跟學習有關的大腦知識教給第一線的老師們，但是比起無孔不入的大腦開發廣告，我們的努力只是杯水車薪，這使很多一起努力的同事最後因沮喪而放棄。我會堅持下去是因為中研院吳成文院士曾經告訴我，為了要成立國家衛生研究院，前後歷經六任行政院長；他說，在臺灣想要做點事，需要有耐心、恆心和信心。我父親也說，人的觀念是最難改變的東西，至少要經過兩個世代才會見效。

關於後面這點我有很深的體會。大一開學時，我去跟父親拿學費，聽到祖母在罵我父親：「為什麼花錢栽培別人家的媳婦，錢不會留下來自己用？女兒十八歲就可以嫁了，養久了只會浪費米。」父親說：「她現在還是我的女兒，能念書，我想讓她念。」祖母搥床大怒，責備我父親不孝。父親出來看到我，只說一句：「好好念書，希望二代以後，觀念會不一樣。」現在二代過去了，果然很多朋友即使只有兩個女兒也不再多生（周美青夫人也是生兩個女兒），並全力栽培，觀念的確會改變，只是很慢。因此我常常提醒自己，做就好，不要去想效果。而我能做的就是提供資訊，翻譯書，把新知介紹進來，也寫專欄，把一些實驗結果以淺顯的用語講給家長聽。這本書收集的多半來自我替《學前教育》和《父母世界》雜誌所寫的專欄，很多是父母來信所問的問題。

曾經有人質疑為什麼人類的童年期這麼長，斷奶後還需跟在父母身旁這麼久？這是因為濡化（enculturation）的關係，父母要把自己的語言、文化和生活習慣透過跟孩子共同生活，傳遞給他們。但是假如父母的時間多花在加班賺錢，把孩子送去才藝班、補習班，一天見面不到兩小時，這演化的任務如何達成？民族的命脈如何延續？文化是一個民族的根，我們怎可為了眼前不重要的分數犧牲了最基本的文化和認同呢？所以每當父母來問要不要讓孩子上全美語幼稚園，要不要上什麼課、學這學那時，我都建議他們先固本，讓孩子人格健全、身體健康再去追求別的，請他們把握孩子還依賴父母的童年期，跟孩子在一起，盡量的享受天倫之樂。

父母必須趁這段孩子崇拜你、會聽你的話的時期，把你的人生經驗和價值觀教給他。我們從大腦的發展，以實驗的證據去說服父母：孩子的安全感對他日後遭遇挫敗的回彈力有多重要；他的樂觀態度對他未來的健康，尤其是心血管疾病，又有多重要；為什麼閱讀會使創造力奔馳，它的神經機制是什麼？父母為什麼應該陪孩子念書而不是放錄音帶給他聽？

親子的親密關係是人生最珍貴的禮物，很多父母以為現在先做虎媽、狼爸，逼孩子練琴、念書，等他成功以後，就會感謝他們。其實從很多成名者的回憶錄看來，這是不值得的，時光一去不返，蓋世功名抵不上心中沒有童年、父母關愛的空虛。「名利穿腸過，親情心中留」，幾乎所有的過來人都認為，不值得為社會上所謂的「成功」，犧牲掉生活的品質和生命的意義。

因為人生不可逆轉，所以很多事不能等經驗來告訴我們，在教養的路上，順著大腦的發展去做是最正確的，因為如果大腦未成熟，還沒有準備好，教了也是枉然。在書中，我希望傳遞一個訊息：珍惜你的孩子，讓他自然的長大，在這過程中，不放棄一分一秒可以跟他在一起的時光，因為這才是生命真正的意義——繼起宇宙的新生命。不管你是誰，只要教好你的孩子，就不虛此生了。

一

妳健康，他就好

不必在懷孕時就給他聽英文和莫札特，更不必敲肚皮，教他摩斯碼，只要好好的吃和休息，多運動，讓心情愉快，你就大大幫助你的孩子了。

1 盡信胎教，不如不教

不管準媽媽每天如何微笑，孩子都不可能變漂亮；懷孕時努力讀童話書，也不能替胎兒存下精神財富。

在某個飯局裡突然聽到有位太太不但抱怨女兒生得醜，還說都是因為懷孕時先生事業不順，常發脾氣，使她心情不好，才會導致女兒面貌不好看，讓我聽了大感驚訝。

國一的生物課本，不是就有教孟德爾定律嗎？難道在科學昌明的現代，大家還不知道孩子的容貌是來自父母雙方的基因，在受精的那一剎那就決定了？孩子的美與醜，跟準媽媽的心情有什麼相干？

她看到我的表情，便拿出一本書來給我看，原來是大陸知名教養專家所寫的，鼓吹「七田真的右腦開發」與「斯瑟蒂克胎教法」的專書。

無奇不有的「胎教」法

什麼是「七田真的右腦開發」？什麼又是「斯瑟蒂克胎教法」？

簡單一點說，這些「胎教」的鼓吹者要準父母隨時與胎兒交談，從早上一睜開眼到晚上就寢，每天想什麼、做什麼都要跟胎兒說。比如早上起床後，第一件事就是要跟胎兒說早安，然後將當天的天氣告訴胎兒；講故事給胎兒聽時，聲音要富有感情，不可單調乏味；去外面散步時，不論看到什麼都要鉅細靡遺地描述給胎兒聽，例如逛了什麼店、吃了什麼東西、看到什麼樣的行人、街上有什麼汽車，都要帶著感情，細緻的描繪給胎兒聽（我在想：這豈不是不停的在街上自言自語了嗎？）。

最離譜的是：「利用形象語言，在白色的圖畫紙上，用各種色彩來描繪文字或數字，加強視覺效果。教胎兒文字時，除反覆念之外，還要用手描繪字形，並牢牢記住文字的形態與顏色，如告訴胎兒『一加一等於二』時，不妨說『媽媽有一個蘋果，如果爸爸給我一個蘋果，那麼我們有兩個蘋果』，等小孩出生以後，最好把胎教所用過的東西放在嬰兒前面，使嬰兒慢慢回憶起以前學過的東西。」

我實在忍不住要反駁：胎兒是泡在羊水裡的，空氣的傳音與水的傳音不同，在子宮中，他怎麼可能分辨得出Ｐ和Ｂ的細微差別？他根本聽不清楚字，只聽得到句調而已。此外，子宮中一片漆黑，他怎麼可能知道蘋果是什麼東西？

再說，孩子出生後，至少要六個月大才能開始把名字和物體聯在一起，更不要說什麼叫加法了；還沒出生的胎兒，又怎麼聽得懂「一個蘋果加另一個蘋果等於兩個蘋果」？如果胎教這麼有效，小學都可以不必上了。看到這種書會熱賣，真覺匪夷所思，不理解怎麼有人會去相信，還掏錢出來買。

書上還舉證說，斯瑟蒂克夫婦的四個女兒都活潑可愛、智慧過人，這就是胎教的結果，這實在是一戳就破、一點科學證據都沒有的話。我也可以說，我的兒子活潑可愛、聰慧過人，但是我從來沒有給他做過胎教。現在的書市，像這種沒有實驗證據、只憑個人經驗就出書的現象太多了，爸爸認為自己把孩子「打進北大」，媽媽相信是自己把孩子打進了加州大學，就都出書來大肆宣揚，竟然就有不少人爭相模仿，真是令人搖頭。

愛之適足以害之

很奇怪的是，這種個人經驗很能打動人心。後來我也發現，臺灣的地下電台就是用這種方法來賣藥：「某某得了不治之症，連醫生都放棄了，他吃了這藥後，不但藥到病除，還返老還童，各位可到某鄉某鎮，那個健步如飛的就是他。趕快去買了吃，你也會像他一樣人生是彩色的。」臺灣洗腎之所以這麼嚴重，就是我們這些老百姓輕易相信別人不實的經驗。

沒有證據的話不能聽，來路不明的藥不能吃，最近報載吃馬兜鈴容易得泌尿上皮癌，我在想，怎麼有人會去吃馬兜鈴呢？原來很多父母覺得孩子體弱，給他進補，吃了龍膽泄肝湯、疏筋活血湯等含有馬兜鈴的成藥，愛之反而害之了。

教養孩子最好的方法是順其自然，再好的東西都要適可而止，就算是仙丹也不能大把大把的吞。許多人以為維他命對身體好，拚命叫孩子吃，殊不知，脂溶性的維他命A、E等不能排出體外，吃多有害。

母親不管每天如何微笑，孩子都不可能變得漂亮；母親在懷孕時所讀童話書也不能替胎兒存入第一筆精神財富，他還是得進學校去學習才會閱讀。

日本「七田真的右腦革命」是完全錯誤的，孩子的兩個腦半球中間有胼胝體相連，那是百萬以上的纖維束，只要千分之二秒（二毫秒）的時間，訊息就通過去了，絕不可能有右腦先發展、過了三年再啟發左腦的事。同時，右腦是有語言的，它只是不會說而已，因為掌管發音的布羅卡區（Broca's area）在左邊。它看得懂字的意思，早在一九七六年時，認知神經科學家葛詹尼加（Michael Gazzaniga）的實驗就已經證明了這一點。

古人說「盡信書，不如無書」，父母在給幼兒任何東西之前，請先想一想它合理嗎？有實驗證據嗎？不可花了錢又誤了孩子。

2 媽媽健康是最好的胎教

從受精三個星期起直到懷孕中期，寶寶都在忙著複製細胞，這時的胎兒很容易受到傷害，刺激越少越好。

前些日子在報上看到，有位爸爸為了照顧自閉症的孩子，毅然辭去工作，全天候二十四小時陪伴，果然把原來不會說話、不認得父母的兒子教會了叫爸媽、騎獨輪車，真是天下父母心，讓我非常感動。

這篇報導，也讓我們看到「早療」的確有好處，只要鍥而不捨，別人做一遍，你做一萬遍，一定會有效，因為大腦的神經迴路是可以被改變的。這位爸爸說，為了迎接第一胎，家裡從胎教音樂到幼教書籍一應俱全，希望孩子即使不是天才，至少也是個聰明的寶寶；沒想到，真正幫上孩子最多的，卻還是他自己的陪伴。

壓力，是胎兒發育的大敵

多年來，始終不斷有人問我：胎教究竟有沒有效？多早去教才不會太晚？

從研究上知道，懷孕初期最好不要去打擾胎兒，先不說胎兒沒有聽覺能力時，教也是白教，更重要的是：從受精三個星期起，一直到懷孕中期，寶寶都在忙著複製細胞，每一秒鐘就複製八千個，在那時期，越少刺激越好，因為那時的胎兒很容易受到傷害。

其實，大自然已經用了害喜和疲倦兩個方式來保護胎兒：害喜使母親吃不進有危險的食物；疲累便不會去做粗重的事。懷孕初期，大自然的策略是避免傷害（avoidance strategy），所以那時父母親最好讓他安靜發育，不要去打擾他。

胎兒的觸覺、視覺和聽覺，要到受精第四週才開始分化，在第四週時，胎兒的大腦（那時還不叫大腦，叫神經管〔neural tube〕）兩側開始出現兩個黑點，以後會變成眼睛的晶體；兩側像仙人掌的一團神經細胞，以後變成聽覺器官；嗅覺五個星期出現，平衡感六個星期，味覺是八個星期。在這些器官成長的時期，父母幫不上什麼忙，不去吵他就對了。

父母幫得上忙的是讓母親的營養夠，沒有太多的壓力，每天有運動。研究發現高壓力會改變胎兒神經的發展，影響他後來認知的表現。一九九八年一月初，加拿大東部遭到有史以來最強烈的暴風雪襲擊，電線桿紛紛像骨牌一樣倒下，東部一個多星期沒有電和暖氣；隧道坍方，交通斷絕，三十多個人死亡。幾年後，研究者去檢視那個期間待產的婦女，看看她們孩子後來的認知表現；結果發現，母體的壓力荷爾蒙會穿過胎盤傳到胎兒身上，等他們進小學時，語言智商和語言發展都明顯比一般兒童低。

研究更發現，母親長期暴露在嚴重壓力下，會使孩子變得易哭鬧、情緒不穩、智商下降和注意力缺失。母親的壓力也會損害孩子本身的壓力反應系統，還會使他的大腦變小，所以壓力是胎兒發育時最大的敵人。

運動，是對付壓力的好武器

幸好大自然給了我們有一個對付壓力的好武器——運動。運動時，大腦會產生大腦神經生長因子（Brain-derived Neurotrophic Factor, BDNF），這是神經元的營養劑，會防止因緊張而產生的醣皮質酮（glucocorticoid）去傷害神經細胞。不過運動要適量，不能太過，太過會減少子宮的血流量，對胎兒不利。其實到懷孕的後期時，進入子宮的氧本來濃度就比較低了，所以那時不宜劇烈運動，醫生建議最好游泳，水有浮力，身體的負擔不會那麼重，同時水會散熱，如果運動過量，體溫升高，子宮溫度上升超過攝氏二度以上，胎兒就容易流產，所以懷孕後期最好的運動是游泳。

運動的另一個好處它使生產順利，胎兒不會因難產而缺氧。研究發現，在生產過程中，有運動的產婦劇痛、用力推的階段比沒有運動的平均短了二十七分鐘。其中緣由，是在大自然中，動物幾乎都要隨時準備逃命，生產時也不例外，若不能及時逃走，就會變成別人的晚餐。

非洲有一種動物叫牛羚（wildebeest），懷孕時間幾乎跟人類差不多，長達二六〇天，但是一生產完，母子都能馬上站起來走。那麼，為什麼人類不行呢？因為人類的腦變大了，在經過產道時，給了母親很大的折磨，所以產婦需要休息和調養。反過來說，人類的腦變大、變聰明後，就成了萬物之靈，不必時時準備逃命，也就無需一生產就得可以如常活動。人用智慧去彌補生理上的不足，「以智取勝」是祖先傳給我們的求生存方式，到現在還適用。

所以，如果你想要有聰明的孩子，不必去花冤枉錢買各種不需要的東西，也不必在懷孕時就給他聽英文和莫札特，更不必敲肚皮，教他摩斯碼，只要好好的吃和休息，多運動，讓心情愉快，你就幫助你的孩子了。

3 想當媽媽，就要菸酒不沾

尼古丁會穿過胎盤，傷害胎兒的大腦發展；
酒精會使胎兒的胼胝體發育不全，阻礙兩個腦半球的溝通。

有一回到咖啡館去時，看到幾個大肚子的年輕媽媽一邊聊天一邊抽菸，我忍不住上前去勸告她們抽菸對胎兒不好，想不到，一個看起來還是學生模樣的媽媽竟然嗆我說：「只抽一根有什麼關係，又不是抽一包。」

我想她一定不知道，相關研究早已經很清楚的指出，尼古丁和酒精會對胎兒造成一生的傷害。

胎兒大腦最怕尼古丁和酒精

母親懷孕時若是抽菸、喝酒，不但會傷害到胎兒的大腦發展，還對孩子以後的暴力、攻擊性及其他反社會行為有直接關係。菸抽得越兇，孩子日後罹患行為規範障礙症（conduct disorder, CD）的機率就越大。

丹麥、芬蘭合作的大型研究，收集了五千名以上的男性成長資料，發現如果他們的母親在懷孕時一天抽二十根（一包）菸的話，他們長大後，成為暴力犯的機率是其他人的兩倍；美國的研究則顯示，不論白人或黑人，母親懷孕時一天抽十根香菸的男孩，行為偏差機率是其他人的四倍。紐西蘭和英國威爾斯的研究，也都得到同樣的結果。

這些研究，在控制了母親的社經地位、教育程度、有無被性侵害或虐待這些變項後，仍然存在，表示不是假象。所以母親在懷孕時，不應該抽菸。最近賓州州立大學的研究，更發現二手菸的危害也一樣嚴重，所以只要家中有人懷孕，其他的人都應該戒菸。

香菸裡的尼古丁（nicotine）會穿過胎盤，影響胎兒。尼古丁也會使孕婦的血管收縮，減少子宮的血流量，使胎兒因缺氧（hypoxia）而大腦發育不良。研究者用腦造影儀器，掃描母親在懷孕時有抽菸、如今已長大成人的男性時，發現他們前額葉的眼眶皮質（orbitofrontal cortex）和額中迴（middle frontal gyrus）的厚度都比別人薄；而這兩個地方，都跟抑制不當行為有直接關係。前額葉皮質的發育不良，又跟注意力、記憶、處理語音訊息的快慢有關係。實驗就發現，母親的抽菸量，跟孩子在六歲和十一歲時的數學、拼字能力有直接關係。

另一個很容易受到尼古丁影響的，是正腎上腺素系統，因為它跟交感神經系統有關係，所以這些母親抽菸的孩子特別喜歡強烈刺激、愛冒險、不怕死。

孕婦喝酒，對胎兒的傷害比抽菸還更大。酒精會使胎兒大腦中連接兩個腦半球的胼胝體發育不全，阻礙兩個腦半球的溝通；酒精會使神經元死亡，降低麩胺酸（glutamine）的功能。麩胺酸跟記憶有關，因此它會減低這些嬰兒海馬迴的可塑性，造成學習困難。

酗酒母親生下的嬰兒大腦是畸形的，而且比正常人小，臉孔也跟一般人不同：扁平得多，兩眼之間距離很大，臉、上唇很薄。西雅圖華盛頓大學的一個研究追蹤了四七三名這種嬰兒的發展，發現他們到十四歲時，有少年犯罪記錄的比例高達六一％。即使嬰兒一出生就被正常家庭收養，而且養母不喝酒也一樣，表示那是懷孕時大腦受損的關係。有些學者甚至認為一週喝一杯酒都不行，可見酒精對胎兒的殺傷力有多大。

媽媽健康，孩子才能頭好壯壯

大腦的發育需要營養，印度洋的模里西斯（Mauritius）島因經濟落後，人民窮困，母親懷孕時常常營養不良，孩子成長期間也普遍營養不良；一個長期的追蹤研究發現，這個營養因素造成這些孩子過動（ADHD）、注意力缺失（ADD）、有暴力行為。一個社會如果在一開始時，沒有把錢花在預防上，如改善孕婦及兒童的營養，將來要付的代價會更高。

前一陣子，臺北市打算讓小朋友喝免費的牛奶，其實臺北市很多孩子家境很好，每天本來就都有牛奶喝，不是那麼需要政府免費牛奶的德政。反過來說，三餐只吃一餐學校提供的營養午餐的窮苦孩子，才是真正需要這個營養的人。何不把牛奶給偏鄉山地窮苦的孩子喝，使他們大腦發育正常，減少以後的社會負擔呢？

臺灣的資源分配非常不公，教育資源也非常的吃緊，如何讓我們納的每一分稅錢能發揮出十分錢的功效，是全民應該關心的事，因為我們共同生活在這個社會中，社會治安關係著我們的安危，只有大家都好了，我們才能安心過日子。

4 別光想讓孩子「變聰明」

孩子的成功跟聰明沒有什麼大關係，
而是跟他正確的人生觀，思辨能力、紀律和執行力有關係。

到過大陸許多地方演講後，我發現，中國的父母親都以培養天才為己任，每次只要我一講完，無數的手就會馬上舉起來，不管是爸爸還是媽媽，個個都想知道：怎麼訓練幼兒大腦，使他變得更聰明？懷孕時母親要吃什麼，孩子以後才會比別人更聰明？小孩出生後要注意什麼，好使他的大腦聰明？

甚至還有個幼稚園園長，當場就站起來分享使孩子更聰明的意見。

父母焦慮，孩子喘不過氣

以成都為例，當地有個補習班名字就叫做「望子成龍」，難怪有媽媽說她已焦慮到失眠了，生怕孩子少學了什麼、拚不過人家。

她真正應該明白的是：父母焦慮，孩子一定焦慮。焦慮的孩子，怎麼會有好的學習成績出來呢？

成都有個老師告訴我，有對父母帶了個還不到兩歲的孩子去郊外放風箏，回程時父母把握時間訓練孩子造句：「寶寶，用『五顏六色』給媽造個句子。」孩子說：「天上的風箏五顏六色。」爸媽一德高興極了：別人的孩子還不會說話，我家的寶寶居然出口成章！從此爸媽拚全力栽培這個孩子，送早教班、各種補習班、圍棋班、奧林匹克數學班……。結果是，這孩子讀到小學四年級後便對學習疲乏，不想學了，不管父母如何打罵，孩子就是無動於衷，最後父母只好放棄。

為人父母的一定要了解：學習是強迫不來的，聰明也不是成功唯一的條件；真正成功的孩子，是身心都健康的孩子。

在孩子的成長過程中，最重要是心裡的安全感；只有心靈滿足了，才能帶出健康的情緒、正向的人生觀。最近臨床上有好幾個情緒障礙的個案，都是童年時被父母遺棄的例子，雖然身體一樣長大了，但心中的黑洞使他們無法建立正常的人際關係，也無法長久維持一個工作。

安全感方面，最重要的研究是一九五六年哈利．哈洛（Harry Harlow）的猴子實驗：一出生就跟母親隔離的小猴子，長大後膽小、孤僻、自閉，不但無法和異性正常交配，當實驗者用人工授精的方式讓牠懷孕後，還會把自己親生的孩子虐待到死。這個實驗顯示了，動物第一個最原始的需求是安全感；安全感滿足了，滿足才能談到第二層需求。

因為老鼠比猴子便宜，而且成熟期較短，所以後續的隔離實驗都用老鼠做。例如研究者持續六週，每天把剛出生的小鼠從母親懷中抱開，放到一個小盒子內十五分鐘，再把牠放回窩中。結果發現，即使一天只有十五分鐘離開媽媽，這隻小鼠長大後也變成孤僻不合群的老鼠，即使當了母親也不關心自己的孩子，造成下一代也不是一個好母親。

研究者發現，小鼠一離開母親就會吱吱叫，呼喚母親，當牠明白母親不能前來時，小鼠會因極度的不安全感，使大腦分泌大量的壓力荷爾蒙；這個壓力荷爾蒙會傷害牠的大腦，尤其前額葉皮質、杏仁核、海馬迴等調節情緒的地方。當十五分鐘到了牠被放回窩中去時，有的母鼠會立刻把小鼠納入懷中哺乳，舐牠，梳理牠，安慰牠。但也有些母鼠，則是不理這隻非自願出走的小鼠。實驗者發現，母鼠對小鼠的反應其實是隔離效應的關鍵：母鼠的愛可以彌補分離的焦慮所產生的傷害，因為當母鼠舐小鼠時，牠們大腦中會分泌激乳素（oxytocin，催產素），增加母子的聯結（bonding），並使小鼠的情緒發展正常。

人的反應，當然比猴子、老鼠更複雜得多。近年來大腦的研究，已發現意念可以改變大腦的神經結構，「父母對孩子的態度決定他的命運」。分離的焦慮所產生的不安全感，則會影響孩子以後的人際關係。

不要太執著於孩子夠不夠聰明

中國有句俗話「聰明反被聰明誤」，聰明若沒有用到對的地方，後果更糟，所以父母不要太執著於孩子夠不夠聰明，應該把握教養孩子的初衷——亦即栽培他成為一個有用的人，使他的天賦發展出來。

亞里斯多德對美滿人生（eudiamonia）的定義是「盡全力做你做的最好的事」，英國的管理大師查爾斯・韓第（Charles Handy）也說：「一個人能在歷史上留名，不是因為他怎麼賺到錢，而是他怎麼花錢。」孩子的成功跟聰明沒有什麼大關係，跟他正確的人生觀，思辨能力、紀律和執行力有關係，而後面這些都是透過後天訓練可以達到的。前面那個 burn-out 的例子是個警惕，不要在孩子太小的時候，為了自己的虛榮心強逼孩子去做天才兒童，誤了他的人生。

5 小心產後憂鬱症

有產後憂鬱症的母親，不會給孩子互動式回饋；孩子的好奇心減弱，大腦神經的連接也就不很綿密了。

二〇一二年時，臺北有個患有產後憂鬱症的母親，抱了才剛兩個月大的女兒從和平東路的十三樓住家躍下，母女雙亡。我的一朋友看到這個新聞後，嚇得連夜來找我，因為她的媳婦也有產後憂鬱症，當時正在服藥，但是「好像不太有效」，怎麼辦呢？

寶寶的學習需要互動式回饋

這樣的事，的確不能等閒視之。我建議她：

第一，孩子趕快抱給別人帶，因為相關的實驗證實，憂鬱症母親所帶的孩子才十二個月，大腦神經迴路的連接就已經和別人不一樣了。

這是因為嬰兒眼睛一睜開就不停地學習，而通常我們學習時，要靠回饋（feedback）才知道我們學得對不對；比如說，當別人說一個我們不懂的名詞時，大腦會很快地依當時的情境作出幾種假設：這是人名？地名？還是物名？當更多的資訊進來時，大腦就會縮小猜測的範圍，剔除不對的假設，最後剩下來的就是在那情境下最可能的假設，下次同樣情境出現，別人又講這個字時，我們就知道這個字的意思了。嬰兒學習語言時，就是用這種方法；所以母親在換尿布、餵食時跟嬰兒講的話其實非常重要，這個互動式回饋（interactive feedback）是一個非常有效的內隱學習方式。有產後憂鬱症的母親不會跟孩子做這種互動，孩子沒有得到回饋，久而久之，孩子的好奇心就減弱，大腦神經的連接也就因此不很綿密了。所以一發現母親情緒憂鬱，孩子最好馬上抱給別人帶。

第二，抗憂鬱症的藥不是馬上有效，通常有十到十四天的等待期，而病人在谷底時是聽不進勸言的，所以對病人要有耐心。比較糟的是情緒會傳染，我的這位朋友就說，每天跟憂鬱症的人在一起，自己也變得很憂鬱。

情緒的確會傳染。最近有個實驗發現，假如A的快樂上升一倍，住在他隔壁的B快樂指數就會跟著上升，連跟他隔了三家的C也會比較快樂；尤其如果A是上司或階層比較高的人的話，感染力更是明顯——例如軍隊指揮官的情緒可以提升整個營隊的士氣和表現，部隊士氣越高，士兵表現越好。其實家庭也是一樣，父母的情緒好，孩子會快樂，快樂的孩子學習效果比較好。

提升情緒的方法有很多種，只要能引起快樂回憶的都是好方法，而在五官中，嗅覺的效果最強。我在美國時，好友的先生得了癌症，已不能吞食，但是她每天仍然烤先生最愛吃的肉桂餅乾，讓家裡充滿了肉桂的香味，再把餅乾送給幫忙她的人；有一天她婆婆從臺灣來，一進門，看到媳婦在烤餅乾，就立刻大聲指責她說：「我兒子都不能吃東西了，你還有心情烤餅乾！」她先生在旁很費力的說：「肉桂味使我想起以前下班回家進門時的喜悅，雖不能吃，聞著也高興。」

嗅覺的確會帶給人愉快的回憶。以我自己為例，每次聞到紅燒肉的香味時，我都會不由自主地微笑，因為我們小時候有肉吃就是最幸福的感覺。自殺的人都是覺得人生一無留戀，才會跳得下去，不然十三樓那麼高，正常人看了都頭暈，更不要說跨出那一步，所以為病人營造快樂家庭氣氛很重要。

母親的情緒影響非常大

小寶寶雖然沒有外顯的記憶（explicit memory），但是有內隱的記憶（implicit memory），有幸福童年的寶寶，長大後才會成為快樂、健康的人。母親的情緒對孩子的影響非常大，一隻從來沒有見過蛇的小猴子，初見蛇時並不會害怕，但是只要把蛇跟牠母親恐懼的表情配對一次，這隻小猴從此見到蛇就會害怕。

約翰．麥迪納（John Medina）在《0~5歲寶寶大腦活力手冊》（*Brain Rules for Baby*，中譯本遠流出版）一書中，就談到母親情緒對嬰兒大腦發育的影響，也談到產後憂鬱症的原因和防範的方式，可供大家參考。

其實，孩子的出生對夫妻感情是一個考驗；那位跳樓的媽媽會帶著結婚證書去死，正是某種暗示。這裡並不是說父親有過失，而是說母體荷爾蒙的改變加上晚上要起來餵奶，睡眠不足時，血清張素的匱乏會使母親去鑽牛角尖。書中有特別強調父親要分擔家事，使母親可以休息，因為睡眠時所分泌的血清張素對母親情緒是一大幫忙。

很多新手父母擔心自己不是好媽媽，一點小事就一直責怪自己，常去想：如果我這樣，如果我那樣，寶寶會怎樣……，其實這些擔心都是不必要的。父母安心，孩子才會安靜，你的笑容會讓嬰兒放心，知道你還喜歡他，不會把他拋棄。人沒有十全十美的，不要作完美的人，因為無人能容忍跟聖人一起過日子。只要父母安心過日子，孩子就會放心去學習他的新環境了。

6 嬰兒大腦發育急不得

主動學習與被動訓練，在神經連接上有很大的差別；父母應鼓勵孩子主動去探索，但不必天天去「訓練」他。

嬰兒出生時，它一生所需的神經細胞都已有了，但是大腦卻只有成年後的四分之一大，雖然四個腦葉及皮質下的各個部件都已成形，但尚未發展完成，所以嬰兒頭上有天靈蓋，讓大腦可以隨著發育而擴張。

那麼，大腦在長什麼呢？

一是長神經之間的連接，二是長神經纖維外面包的髓鞘。髓鞘是白色的髓磷脂，所以神經纖維又叫白質（我們的大腦中有兩種神經細胞，一是白質，另一就是灰質——神經元）。髓鞘的作用，是使神經元活化時所送出的電流不會在傳導時短路。所以孩子的大腦發育越趨完成，他的反應時間會越迅速。

因為髓磷脂是脂肪，我們的細胞膜也是脂肪，所以兩歲以前的嬰兒應該喝全脂牛奶，不可因母親要瘦身，自己喝無脂牛奶時，也順便給嬰兒喝無脂牛奶，曾經有在出生時正常，卻因體內脂肪不足，大腦發育不正常的個案。

世界上所有的孩子在成長的過程都遵循著一定的順序，這是千百萬年演化來的結果，不因人種和文化而有所不同。

順其天性，讓寶寶自然發展

大腦最早包完髓鞘的地方是運動皮質區和身體感覺皮質區，最晚的是前額葉皮質的眼眶皮質，它要到二十歲以後才完全成熟。正因為大腦發展有一定的順序，所以如果家長在孩子八個月大時就刻意訓練他爬，十二個月時就刻意彎著腰扶孩子走，不但白費功夫而且對孩子有害。

例如嬰兒一出生時，大人要是用手撐著他的胳肢窩要他走，他會走，但一個月以後，要他再做同樣的事，他就不肯了。因為出生後的頭一個月，嬰兒體重會大量增加，膝蓋軟骨卻尚未發育完成，要他站起來，他會痛，他就不肯，但是在游泳池中做同樣的事，水有浮力，他不痛，他又肯了。所以父母不必心急，等他膝蓋的軟骨發育完成，他自然會走。太早強迫他走，膝蓋軟骨不能支持他的體重，反而對孩子不好。

老人家常說「帶孩子要有耐心」，神經學家也說大腦發展要有耐心，老師更告訴父母孩子學習要有耐心。人生很少事情是一蹴而就的，早走、晚走，除了父母的面子問題，哪有什麼差別？

基本上，父母教養孩子，尤其是很小的時候，正確的態度是順其天性讓寶寶自然發展。如柳宗元的〈種樹郭橐駝傳〉所說，種樹前要先確定這棵樹有它生長必要的條件：土是舊的，根是舒展的，四周土塞緊了，風吹不會動搖，之後就任其自然生長，不可時時挖起來看長到什麼程度了？等到確定活了，長得健康了，才可以修剪樹枝，讓它長成主人想要的樣子。孩子在幼小時期只能順其發展，任何干預都違反了「其本欲舒」的必要條件，試想：一棵樹還沒有活就去修剪它，有這必要嗎？父母不是不可引導孩子發展，但在還不會爬、不會走的時期，是太早了。

其實並沒有任何證據說「早發育就聰明」，反而有「大器晚成」的話。家長只要想一想，自己在成長的過程中，父母可能要下田工作，把你揹在背上，或是家境不允許買學步機，自己不是一樣也學會了走路嗎？所以，凡是跟發展有關的事項都應該順其自然。

被動訓練不如主動學習

大腦就像一部精密的儀器，當它全部裝配完成後，啟動起來就很順利；如果一部分裝好了，一部分還未好，硬要它動它也可以動，但動得辛苦，而且太早負擔重責的部分，以後可能提早報廢。

至於所謂的「主動訓練」，這個名詞本身就有點矛盾：「主動」是自動自發、自主願意去做；「訓練」則有被動、強迫的意味在內。

主動學習與被動訓練，在神經連接上有很大的差別。從老鼠的實驗中，我們看到主動運動的老鼠神經連接得很密，學會的是概念，因此就算改變方位，牠仍會跑迷宮；被動學習的老鼠學會的是肌肉的聯結，是動作，卻沒有學到概念，所以一改變方位就迷路了。犧牲接受實驗的老鼠，解剖開來看時，被動組神經連結的密度跟主動組有天壤之別。

父母應鼓勵孩子主動去探索，但不必天天去「訓練」他。在大腦的發展上，順其自然是法則，任何干預發展的，對孩子都有害。

7 孩子一哭就抱他？

怎麼教養孩子，並沒有一套放諸四海而皆準的法則；父母要自己拿定主意，不要人云亦云。

網路上曾經有過這方面的熱烈討論：「孩子哭時，應該不應該抱他？」主張不抱的說：「哭時抱他，是獎勵他用哭來達到目的，這是壞習慣，必須不哭才抱」。贊成抱的說：「孩子還不會說話，哭就是他溝通的方式，父母應看孩子的需求是什麼，合理的需求不會寵壞孩子，應先滿足他的安全感需求。」

獎勵使行為出現，懲罰使行為消失？

主張不抱者，根據的是上個世紀二〇年代行為主義（behaviorism）的理論；這派學者是做動物實驗起家的，只注重刺激和反應，不管中間「黑盒子」（black box，意指大腦）在幹什麼。因為做實驗的動物都是先餓了二十四小時才進實驗室的，因此，不管是老鼠或鴿子，都會很努力的去學某種行為來換取食物或糖水的報酬，使自己生存下去。這些實驗所顯示的，是「獎勵使行為出現、懲罰使行為消失」的現象，因此行為主義在美國心理學界風行了五十年。

但是人有七情六慾，有個性，更有偏好，所謂「甲的美食是乙的毒藥」，金錢固然能使鬼推磨，但是也有人不為錢所動；同樣的刺激，在不同人身上會得到不同的反應，所以「刺激─反應」這個簡單的模式不能解釋所有的人類行為。行為主義之所以逐漸被認知心理學所取代，這就是主因。

一九八〇年代腦造影的儀器出現後，神經科學家很快就發現大腦有可塑性，會一直不停依外界環境的需求而改變神經連接。我們都知道，童年的不幸經驗會在大腦中留下烙痕，例如羅馬尼亞經濟崩盤後，很多孤兒被歐美人士收養，但這些在沒有愛的環境中長大的孩子，即使在正常的家庭中生活了十年，仍然是孤僻不合群，甚至有反社會行為。底特律兒童醫院的柴嘉尼醫生（Harry Chugani）用正子斷層掃描（PET）檢查這些孩子時，發現他們的大腦結構改變了；其他的科學家，又發現激乳素（催產素）、多巴胺（dopamine）等感受體的多寡會受到環境的影響，環境甚至可以左右基因的開和關。

研究者從大腦中去找孩子行為偏差的原因時，這才發現，孩子最需要的是安全感。母親的撫摸會刺激激乳素的分泌，對孩子日後的人際關係有決定性的作用。而且研究也發現，常被護士抱在身上睡覺的早產兒成長得較快，較早出院（編按：也稱為早產兒的袋鼠式護理）。於是醫生開始改變對父母的忠告，鼓勵母親多抱孩子，盡量跟孩子有肌膚的接觸，甚至鼓勵嬰兒搖籃就放在母親房間，使嬰兒眼睛一張開就看見母親；醫院也把剛出生的嬰兒抱到母親身旁，增加親子的聯結，因為安全感是他日後情緒發展的基石。

是關愛，還是溺愛？

每個孩子的個性不同，所以教養孩子並沒有一套放諸四海而皆準的法則，父母要自己拿定主意，不要人云亦云。

有位媽媽就跟我說過一個事例：她剛會走路的孩子試著爬樓梯時，才爬三階便嗚嗚的叫了起來，因為他發現爬得高了，心中害怕，又不知該如何倒退回來，便很自然的叫媽媽過來幫忙。但這個媽媽站起來要走過去時，旁邊的三姑六婆卻七嘴八舌的阻止她，不許她過去，說她會寵壞孩子，有的說「要讓孩子學獨立」，有的說「讓他自己走下來」，更有人說：「要讓他怕一次，以後才有自知之明，不會去做能力做不到的事。」這位媽媽左右為難，最後決定抱孩子下來。想不到，孩子一見母親來到身後，便放膽繼續往上爬，一路爬到了樓梯頂，站起來高興的手舞足蹈，好像攻下了百岳。事後，她很高興自己作了對的選擇。

她的支持行為並沒「寵壞」孩子，只是給了孩子需要的安全感、使他更敢去探索而已。

到底該不該抱孩子、幫孩子，父母要依情況自己作判斷。他哭是有需求，你就滿足他，他哭是耍賴，你就不要理他。關愛和溺愛是不同的，每個人都需要愛，端看這個需求合不合理。教養孩子最重要的是紀律，沒有紀律的愛才會傷害孩子，正常的愛只會使親子之間更窩心。

8

寶寶的安全感最重要

孩子出生後，夫妻兩人就需要好好考慮工作與家庭之間的取捨。重要的是：一旦做了選擇，便不要後悔。

社會的變遷使得很多母親必須出外去工作，因此，照顧孩子已經不像過去那樣多半是母親了。近年來英文的文獻上，尤其是發展心理學的研究者，都已不再用「父母」（parents）而改用「照顧者」（care taker，泛指任何長期照顧孩子的人），表示學者已看到了時代的改變。

「熟悉」會帶來安全感

如果媽媽因為跟寶寶在一起的時間不長，不再是寶寶最喜歡的人，沒有關係，感情本來就是培養出來的，不可強求。它對寶寶的成長不會有害，只是照顧的人不可以一直換，經常更換會使寶寶沒有安全感，而安全感是孩子在生長時期，情緒發展最主要的因素。現在醫生甚至建議寶寶的搖籃放在母親的臥房，使孩子眼睛一睜開就可以看見熟悉的臉。

為什麼「熟悉」這麼重要呢？因為一個東西會熟悉，表示它經常出現，已經通過大腦的檢驗，知道它不會傷害我們，這時就會產生安全感。安全感會使人身心放鬆，促進身體的健康。

我們在實驗上看到，當寶寶第一次看到某個東西時，凡是跟辨識這個物體有關的大腦部位都會活化起來，表示神經元在努力工作，但是第二次再看到這個東西時，大腦活化的區域就減少了，只有相關的神經元會特別活化，無關的則會被抑制；這就好像，第一次刺激進來時，大家都興奮起來看這是誰的工作，第二次刺激再進來時，頭一次做得好的神經元便大叫：「這是我的專長，由我來做，你們去做其他的事。」這時，這個神經元除了自己大大活化起來之外，還會送出抑制的指令，阻止其他神經元活化。所以，當一個刺激出現三次以後，大腦的活化程度就降到只有原來的三分之一了，使得原來捉襟見肘的大腦資源，可以調配去處理那些陌生的、可能會害我們的刺激。

安全感的重要性，甚至使我們的大腦演化出專門處理熟悉東西的部位，即右腦半球顳葉和枕葉交接的梭狀迴（fusiform gyrus）。

大腦和免疫系統是靠荷爾蒙在溝通的。人沒有安全感時，大腦中的神經傳導物質兒茶酚胺（catecholamine）會減少；當兒茶酚胺變少時，腦內啡（endorphines）就增加；腦內啡會抑制免疫系統的活動，體內T細胞的數量就減少了。所以，健康的寶寶都是很有安全感、笑口常開的寶寶，而體弱多病的孩子也常是畏縮害怕、沒有安全感的孩子。

觀念對了，煩惱就沒了

家庭和事業好比魚與熊掌，常常無法兼得；母親沒時間陪孩子，孩子自然不會跟母親親近，當母親的一定會很難過，所以受傷的是母親而不是寶寶。

人生不可能十全十美，每個人的境遇不同，選擇也不同；因此，在孩子出生後，夫妻兩人就需要好好考慮工作與家庭之間的取捨。重要的是：一旦做了選擇，便不要後悔。有一句話說得很好：「選擇只是一個開始，圓滿的完成才是目的。」如果這是一個很難決定的選擇，那麼怎麼選都是好的決定，不要生活在後悔中。

人生很重要的是樂觀的心態，既然有所得必有所失，那麼就應該著眼於使自己的「得」達到最高點，把「失」減到最低點。《讓天賦自由》（*The Element: How Finding Your Passion Changes Everything*，中譯本天下文化出版）的作者肯．羅賓森（Ken Robinson）說：「觀念奴役我們，也解放我們。」觀念對了，煩惱就沒了。人生的路是自己走的，設定好生命的優先順序，一切便迎刃而解。

9 定時餵奶請三思

今天不讓寶寶哭，寶寶明天就讓你哭？
研究報告已經發現，定時餵奶不利寶寶未來的認知發展。

這幾年，臺灣有本相當暢銷的書《百歲醫生教我的育兒寶典》，告誡父母要定時餵奶，如果時間未到，不管寶寶哭得多厲害都不要理他，說「今天不讓寶寶哭，寶寶明天就讓你哭」。我看到這本書時，覺得很不妥，因為每個孩子的需求不一樣，養孩子不是訓練阿兵哥，不能「一個指令一個動作」。

嬰兒還不會說話，表達不適的唯一方式便是啼哭；哭了不理，讓他哭到累自己去睡，我既覺得殘忍，也怕誤事——常在報上看到有父母不理孩子哭，等到有空去看時，孩子已經臉色發紫了。最離譜的是，這本書告訴父母「一定要遵守時刻表」，如果時間到了寶寶仍在睡，就要把他搖醒，因為「按時餵才能養成習慣」。這更是殘忍，因為就連我們自己，偶爾也有胃口不好、不想吃飯的時候。因此，出版社請我推薦時我不願意掛名。

我還記得，當時有許多媽媽趨之若鶩，奉為經典，紛紛說「只要硬起心腸，以後就自由了」，還彼此打氣要大家都堅持下去。

定時餵奶不利寶寶認知發展

媽媽自由了，寶寶呢？

最近《歐洲公共衛生期刊》（*European Journal of Public Health*）刊出的一篇研究報告發現，定時餵奶對寶寶未來的認知發展不利。

這個研究是英國艾薩克斯大學（Essex University）和牛津大學（Oxford University）共同合作的一個大型計畫，一共調查了一〇四一九名寶寶，全都來自有名的 Avon Longitudinal Study of Parents and Children 計畫（簡稱為 ALSPAC，即凡是一九九〇年代出生在英國布里斯托〔Bristol〕的嬰兒，都納入這計畫長期追蹤），實驗者在寶寶四週大時調查母親的餵奶方式，然後再從出生八週到三十三個月期間，定期發問卷，詢問母親睡眠情形、平日心情、自信心的高低，然後在寶寶二十一個月時，給母親作愛丁堡產後憂鬱量表（Edinburgh Crown-Crisp Postnatal Depression Scale, EPDS）。

英國的兒童，五歲、七歲時要做「標準素養測驗」（Standard Attainment Test, SAT）中的閱讀、寫字和算術評量；十一歲及十四歲時要考標準素養測驗的英文、數學和科學部分，另外在八歲時給所有的小朋友做智力測驗，看他們的認知能力發展。

實驗者知道每個母親不同，個性會影響她們帶孩子的方式，也就是說，會選擇按時餵奶的母親，可能跟會選擇餓了就餵的母親在人格上有所不同，而這不同很可能會反映到她們孩子後來的學業表現上，所以研究者採用「性向分數配對」（propensity score matching, PSM）的方式，將個性相似但餵食方式不同的母親配對在一起。他們也控制了母親的教育程度、社經地位，住自己的房子還是租別人的房子；懷孕前和懷孕後的身體健康情形，平日責不責罵孩子，有沒有讀書給孩子聽，如果有，讀多久；父親有無參與育兒的工作，及母親的職業等等，可以說凡是能想到的變項都想到了，是一個嚴謹的大型長期追蹤計畫。

因為一九九〇年代時，餵母乳的風氣還沒有像現在這樣盛行，但研究已知母乳會直接影響孩子大腦的發展，所以研究者特別控制這個變項。我們看到「天下父母心」，即使在二十年前，就已經有六九．四%的母親選擇餵母乳，而且是「孩子餓了就餵」，只有七．二%的母親是嚴格遵循時刻表，時間到了才給吃。有二三．四%的媽媽是「很想要按照時刻表，但又不忍心」，所以在兩者之間徘徊。

研究結果發現，寶寶八週大時，定時餵奶的母親的確睡得比較好，比較不疲倦也比較有自信。但奇怪的是，在嬰兒二十個月大時，她們的愛丁堡產後憂鬱量表，卻跟孩子餓了就餵奶，睡不飽、黑眼圈的母親沒有差異，顯示睡得比較飽、休息得比較夠的好處並沒有降低憂鬱症的風險。比較顯著的是，最後的實驗結果偏向餓了就餵奶的孩子：他們在八歲時的智力測驗分數，比按時餵的高了四分。在標準素養測驗的各個測驗項目中，也比按時餵的高了一八．四％的標準差。

寶寶學到的是「逆來順受」？

這些差異令人驚異：為什麼餵奶的方式會對認知表現有影響呢？

研究者認為，一個原因是按時餵奶的孩子比較被動，對學習沒有動機。在心理學上有個「習得的無助」的現象，當孩子發現這世界不是操之在我，我怎麼哭都沒用時，他會養成「反正我怎麼做都是無效，我就放棄了」的逆來順受的態度。這個被動的學習態度是個不自覺、內隱的態度，它會影響ＩＱ和學業成績。

當然這只是第一個這種實驗，還需要許多不同實驗室重複測試，才能確定現象。不過實驗者的解釋相當有道理，「操之在我」的主動價值觀是個重要的人生態度，不要在嬰兒期就把它破壞掉了。

10 訓練寶寶夜睡別勉強

當寶寶準備好，他會讓你知道；
當他還沒有準備好，不要讓他覺得被拋棄，失去安全感。

一位同事上班時哈欠連天，精神萎靡。問他發生了什麼事？他苦笑著說：隔壁鄰居生了個小寶寶，父母要訓練寶寶睡過夜，讓他哭得驚天動地、聲嘶力竭。現在公寓隔音設備不好，他夜夜失眠，就變熊貓眼了。

每次聽說臺灣還有爸媽會在這麼做，我就替那個寶寶很難過。

寶寶比你想的更努力

嬰兒夜啼是正常的，就算要訓練，也要等到寶寶六個月了，大腦發育到原來的兩倍大之後，才可以開始。

寶寶還在母親肚子裡時，母親大腦所分泌的褪黑激素會透過胎盤進入他的身體中，但是一出生、臍帶剪斷後，他跟母親的關係就切斷了，必須自己呼吸，自己分泌荷爾蒙，自己獨立生活。不幸的是他自己的大腦還沒有發育完成，所以頭三個月的嬰兒生活可以說一團混亂，吃了睡，睡了吃，不管現在是白天還是黑夜，把新手父母累個半死。

但是，即使表面看起來是如此沒有規律，但是他們其實已經努力在適應外面的新環境，因為科學家從記錄嬰兒睡眠的週期中發現，雖然他們醒／睡的次數看起來都一樣，但是嬰兒逐漸朝白天次數多、晚上次數少的正確方向前進，所以大人不要苛責嬰兒，他們已經盡力了。

在訓練寶寶睡過夜的方法上，目前為止有兩派學說相持不下：一派以小兒科醫生西爾斯（William Sears）醫生為首，他主張餵母乳、寶寶跟母親睡、哭時就撫慰他，盡量滿足寶寶的所有需求。因為從演化的觀點來看，這就是大腦的方式。

遠古時代，孩子如果離開母親，哪怕只有一下子，都可能變成別人的晚餐。所以以前的父母是白天把孩子揹在背上，晚上把孩子抱在懷裡睡覺。這情形在全世界五大洲中，除了北美和歐洲，目前也幾乎都還是如此。日本人就是全家睡在一間榻榻米上，非洲人也是全家擠在一間茅屋中。這派學者認為，孩子最需要的是安全感，而在全家人的呵護下長大的孩子最有安全感，將來情緒的發展最健全。所以西爾斯醫生說：「當寶寶準備好，他會讓你知道；當他還沒有準備好，不要讓他覺得被拋棄，失去安全感。」一九六二年諾貝爾文學獎得主史坦貝克（John Steinbeck）也說：「孩子最大的恐懼是沒有人愛，被拒絕是他們最害怕的地獄」。

另外一派，則是主張讓寶寶哭到自己睡著；理由是在工業社會，父母第二天要上班，不可以睡眠不足，孩子應該適應世界而不是世界來適應他。代表人物是神經科醫生佛伯（Richard Ferber），主張用行為主義的制約方法訓練，孩子晚上頭一次哭時，父母要等三分鐘再進去抱他，抱二分鐘後，就把他放下來，即使寶寶還在哭也不管，馬上離開房間；這樣做的目的，是讓寶寶看到父母沒有拋棄他。第二次哭時，父母則要等五分鐘再進去，一樣停留二分鐘就馬上離開。寶寶夜裡第三次哭時，父母就要等十分鐘再進去，而且以後如果寶寶還哭，每次都等十分鐘後再進去，一直持續到天亮。

第二天晚上寶寶又夜哭時，第一次等五分鐘進去，第二次等十分鐘，第三次等十二分鐘。第三天時，第一次等十分鐘，第二次十二分鐘，第三次十五分鐘。後面以此類推，到第七天時，第一次等二十分鐘，第二次……，三十分鐘是上限。佛伯說，一個星期後寶寶就不哭了，因為他發現哭也沒有用。

寶寶分得清「需求」和「要求」嗎？

要特別提醒大家的是，在進行佛伯建議的訓練之前，必須先去看小兒科醫生，確定寶寶沒有生病。很多時候寶寶哭是因為身體不舒服，如肚子裡有空氣會肚痛，鼻中長瘜肉呼吸不順時，都會哭。確定寶寶沒事後才可讓他哭，因為嬰兒不會說話，哭泣是他傳達生理狀況的方法。

我個人無法忍受孩子這樣哭，我會去抱他。佛伯認為「要求」和「需求」不同，晚上哭是要求父母的注意，不是生理有需求；但我認為，對一個不滿一歲的孩子來說，他如何知道這兩者的差別？如果他不知道，大人又如何得知？

過去大部分的父母會採用西爾斯的方式，但對雙薪家庭來說，睡眠不足，父母第二天無法起來上班，所以現在採用佛伯訓練法的人變多了，否則大人小孩鄰居大家晚上全都「夜不眠」了。不過，這方法也不見得一定有效，有時要看寶寶的個性，也有很倔強的寶寶，哭到臉色變紫都還不肯妥協。

寶寶夜啼是最令人頭疼的事，幸好孩子會長大，等他大腦褪黑激素分泌正常了，他就會乖乖去睡了。

童年只有一次，就算他無論如何都要你抱，最多也不過十年左右；再長大，他也不要你抱了。所以，珍惜他還要你抱的時候吧！

11

孩子是天生的科學家

幼兒處理外界訊息的方式，說實在話，跟我們大人一樣，只是他們還沒學到「機率」這個名詞。

最近的好幾個研究都發現：嬰兒是有邏輯的，幾個月大的嬰兒就懂得推理了，不是像我們想的那麼無知。

其中，加州大學柏克萊校區的心理學家所做的實驗，是給八個月大的嬰兒看一個裝有紅白兩色乒乓球的盒子，其中八○％是白色，二○％是紅色。實驗者假裝隨機地從盒子中摸出五個來放在桌上，如果他摸出四個紅球、一個白球時，嬰兒就會很驚奇，對這個結果看很久，遠比四個白球、一個紅球的結果長很多。這表示嬰兒心中已有預期，當實驗者「隨機」摸出來的顏色和他的預期不同時，他會凝視很久，表示：「這怎麼可能？白球出現的機率應該要比紅球大呀？」

嬰兒不會說，卻會做

過去我們都低估了嬰兒的能力，只因為他們不會說話，就以為他們對外面的事情都不了解——比如有些人常因為聽障者不會表達，就誤以為一定是智障。後來才發現，嬰兒懂得的，其實比他們能表示出來的多得多，這就是麻省理工學院教授喬姆斯基（Norm Chomsky）所說的「語言能力」（linguistic competence）和「語言表現」（linguistic performance）上的差異——在嬰兒期，語言能力遠大於語言表現。

後來，在另一個實驗中，實驗者給二十個月大的幼兒看同樣的乒乓球盒子，請孩子拿出一個球來給他，這時，孩子會隨便抓一個出來，可能是白色或紅色，表示孩子對顏色並無特別偏好。但假如實驗者每次拿出來的球都是紅色，然後再請孩子給他一個球時，孩子就會特別選紅色球出來給他，表示孩子知道，在一個只有少數紅球的盒子中，實驗者既然每次都拿紅的出來，表示他一定比較喜歡紅色，所以就給他紅色的。他們知道紅色的機率不大，「如果每次都拿到紅色，那麼他一定是比較喜歡紅的，他要我給他球，我就選紅色的給他，讓他高興」。

等到孩子長到兩、三歲時，他們對機率的了解又會更深一層。例如研究者每次給機器人吃一些不同顏色的積木，當積木中有黃色時，機器人頭上的燈就會亮起來，音樂也會響起來，孩子就很高興；這些還沒有上學，還不會加減乘除的孩子，看了幾次以後就了解黃色的積木是關鍵，其他顏色不重要，只要餵它吃黃色積木機器人就會亮燈、唱歌。

不可低估孩子的推理能力

到孩子四歲時，這方面的能力就更強了。實驗者拉一個木箱的兩個把手時，就會有鴨子和木偶跳出來，有一組兒童是看「拉甲把手鴨子跑出來，拉乙把手木偶跑出來」，另一組是給他們看「同時拉兩個把手，鴨子和木偶同時跳出來」，但是他們沒有看到各別拉的情形。結果讓孩子自由去玩這個玩具時，第一組的兒童玩的時間遠比第二組的短，因為他們已經知道是怎麼回事、不新奇了；第二組會先同時拉兩個把手，然後發現拉甲把手鴨子跑出來，拉乙把手木偶跑出來，他們玩的時間有顯著性的久。

以上所說的這些實驗，都顯示孩子會主動的探索因果關係，而且會去嘗試哪一個方法最有效。他們處理外界訊息的方式，說實在話，跟我們大人一樣，只是他們還沒學到「機率」這個名詞；那麼小的孩子就會用機率的概念去探索世界、找出因果關係，也實在很令人驚訝。這些實驗不但徹底推翻「嬰兒什麼都不懂」的觀念，更重要的是，這個探索的歷程會回過頭來強化機率的概念，所以讓孩子自己去探索的效果比老師教來得好。

比如還有一個實驗，是實驗者教一組四歲的兒童：「如果先拉這個把手，再按這個鈕，就會有音樂出來。」另外一組則是對孩子說：「我不知道這音樂盒是怎麼玩的，讓我們來試試看。」實驗者故意做了很多動作，有的動作使音樂出來，有的沒有。結果讓孩子自己去玩時，兩組兒童都馬上知道對的順序，不會去重複實驗者無效的那些動作。也就是說，他們有看到怎麼做會得到結果時，兩組兒童都可以立即重複發出音樂的動作。

但是在另一個情境時，那些看到老師經過摸索才得到答案的小朋友，會自己東摸西摸，嘗試解決問題，而那些直接由實驗者做給他們看的孩子便呆坐在旁邊，等著別人來教他。那些被老師教怎麼玩音樂盒的孩子都沒有自己去尋找捷徑，完全依照老師講的順序去做，因為孩子認為如果老師知道捷徑一定會告訴他們，不必自己動腦筋去想，只要模仿老師就可以了。所以在教學上，不可一直在課堂中老師講、學生聽，必須讓他們動手做，才會有新的想法出來。

這些幼兒的實驗非常有意思，讓父母知道「不可低估你的孩子」；他們，可是天生的科學家呢！

二 好頭腦，有方法

成長需要耐性，要等大腦成熟才能水到渠成；成功不一定屬於最聰明的人，而是屬於學習最有動機、最有毅力的人。動機和毅力，才是父母應該關心的重點。

1 沒有「右腦開發」這回事

孩子的左、右腦是合作無間的，大腦的發展更不是刺激越多就越好，必須適量、適時，否則是反效果。

每次看到坊間又出現一些似是而非的「促進孩子大腦發展」的書，都讓我憂心忡忡。

比如說，有一本書竟要父母用手電筒去照孩子的瞳孔，利用光線讓眼睛收縮來刺激眼睛，使孩子專注。

作者要父母站在孩子腦半球缺陷相反側，離眼睛十五到二十公分處，亦即如果孩子右腦有缺陷，就要站在他的左側；如果孩子左腦有缺陷，就要站在他的右側。然後打開手電筒，照向靠近你的那個眼角，光會讓眼睛的瞳孔收縮，然後舒張，計算看看這現象共需多少時間。當眼睛停止舒張時，就可以停止計時，還告訴父母如果孩子反抗，就告訴孩子除非他戴遮光眼鏡，否則不准看電視或用電腦，而且父母一定不可以讓步或放棄。

這種說法令我不勝驚駭——就像叫孩子吞火號稱可以潛能開發一樣，是不折不扣的酷刑。

大腦的正確工作方式

這種方法的錯誤太多了。

首先，我們的視覺迴路（visual pathway）不是右眼到左腦，也不是左眼到右腦，而是「右視野到左腦，左視野到右腦」。這個明顯的錯誤表示，作者應該不是醫學院畢業的。一查之下，果然不是醫生，只是修過某個專業課程若干學分的人。

第二，我們兩個腦半球中間有個橋—胼胝體，是百萬以上的神經纖維束，使訊息可以快速左右相通。大腦是整體運作的，並沒有「右腦開發」這回事，那是作者錯誤引用了醫學實驗。這個實驗的對象是嚴重的癲癇病人，在藥物無法控制時，醫生把聯結兩個腦半球的胼胝體剪開，把橋剪斷後，大腦一邊放電，另一邊不受影響，病人因此不致倒地抽搐。如果孩子沒有癲癇、不曾切除過胼胝體，那麼他的左、右腦是合作無間的，完全沒有右腦開發這回事。

第三，「腦缺陷」這麼嚴重的事，怎麼可能不做檢查、不照片子，只憑問卷就下這種判斷？被任意貼上「腦缺陷」標籤的孩子，真是太可憐了。

我們的大腦在接受到外來訊息後，就會指派最擅長的部位去處理。單細胞記錄實驗（single cell recording）發現：新訊息第一次進入大腦時，凡是跟這個訊息有關的神經細胞都會活化起來；第二次刺激再進來時，上次做的好的神經細胞會馬上活化，但同時也送出抑制的指令去壓抑其他的細胞不要活化。也就是說，在大腦中，「抑制」（inhibition）的機制比「興奮」（excitation）更重要，七嘴八舌是聽不清的，只有當其他人嘴都閉上，一個人說話時，訊息才會清楚。這個現象在視覺皮質的細胞中最清楚，視質皮質有專司直線、橫線、斜線的感受體細胞，井水不犯河水，各司己責。

大腦的發展不是刺激越多越好

坊間也有書要父母給嬰兒大量刺激，以促使神經連接，如叫父母用手指頭摳兩個月大嬰兒腳掌心以促使他爬，這也是一個非常危險的迷思。

孩子大腦的發展不是刺激越多就越好，必須適量、適時，否則是反效果。這個迷思，也來自不了解豐富與貧乏刺激與神經發展關係的實驗。

實驗的對照組，是單獨在籠子裡長大、沒有接受到任何外界刺激的老鼠，但我們一般正常家庭的孩子，並不是關在房間裡孤獨長大的，絕大多數都有充分的外界刺激與父母的呵護，所以不可能發生神經連接稀疏、學習緩慢的事，反而是太多刺激，大腦會負荷過量產生反效果。

現在的社會裡，有些父母會在嬰兒眼睛一睜開時，家裡就有八個喇叭同步播放英文錄音帶，或者家中二十四小時播放莫札特音樂，使得孩子的大腦沒有一刻休息。甚至連睡覺時都不放過，還要放英文錄音帶讓他在夢中學英文。其實我們在進入第四階段睡眠後，耳朵就聽不見了，這樣做是無效的。

在神經學上，「智慧」的定義是神經連接的密度和連接的方式，是先天和後天的交互作用。成長需要耐性，要等大腦成熟才能水到渠成，更何況成功的人不一定是最聰明的人，而是對學習最有動機、最有毅力的人；動機和毅力，才是父母應該關心的重點。

陪伴孩子、關心孩子，給他一個溫暖的家就夠了，摳腳心催促他爬、用手電筒照眼睛訓練他專心都是不對的方式，是殘害他，不是幫助他。在大腦的發育上「順其自然」是法則，父母請放寬心，享受孩子的純真，他的笑靨就是你最好的回報。

2 「腦力開發」只是揠苗助長

大腦發展程序過猶不及，不可以隨便「催熟」；只要有伴可玩，接觸外界刺激，大腦就能正常發展。

在南京作了幾場演講的那短短幾天中，我發現，大陸的父母比臺灣的還更熱中於購買幼兒發展的各種輔助器材，也更積極於送幼兒去上「腦力開發」的訓練課程。大陸的幼兒雜誌登有大幅的廣告，鼓勵父母孩子一出生就把他放在地板上爬，每個月都要訓練他一些新的能力，威脅父母不這樣做就會輸在起跑點上。那些廣告大肆宣揚各種增加孩子聽力、視力、智力的好處，卻不但都沒有提及實驗證據在哪裡，而且收費非常昂貴，看得我心驚肉跳。

水到渠成，急不得也

大陸這種大腦開發的狂熱，非我們一般人所能想像：一位計程車司機告訴我，他的女兒學過古箏、英文、珠算、奧林匹克數學……，坊間有什麼課，他的女兒就上了什麼課，女兒雖然才十歲，已花他十幾萬的人民幣了。我問他值不值得呢？他說：「也不知道呀！人家有上，咱也得上，反正多學無害。」

「多學」真的無害嗎？

教養孩子不可以揠苗助長。大自然設定的大腦發展程序有它的道理，不可以隨便「催熟」，強迫才二個月大的嬰兒爬，就是有害——孩子的骨頭都還沒長硬呢！大腦的發展，過與不及都不好。教養孩子不能一直去測試他智力增長了沒有，智力的發展是慢慢來的，所謂「成熟」（maturation），是水到渠成，急不得的。天下父母都望子成龍，但是父母一定要有基本的大腦發展知識，才不會反而害了孩子。

嬰兒出生時，大腦就已經有了他這一生所要用到的神經細胞，就像女性的卵巢一出生就已有了她這一生所需要的卵子一樣。大腦是用進廢退，用得多的神經迴路連接緊密，不用的會被修剪掉，但是大多數的幼兒補習班卻都誤解了刺激的作用，以為刺激越多就越好。他們所引用的證據，是一個經典的實驗：比較單獨一隻關在黑房裡長大的老鼠，與十隻有許多玩具的老鼠，看牠們在大腦發育上的差別，結果發現單獨長大的老鼠神經連接稀疏。只不過，我們的孩子根本不可能自己一個單獨關在屋子裡長大，所以這個實驗並不適用於人類，只是說明了外界刺激對大腦的重要性而已。

其實只要有伴可玩，有接觸到外界刺激，大腦就能正常發展，因為最好的玩具是同年齡的玩伴，不是昂貴的玩具，所以孩子只要在正常的環境中長大，有被照顧，有小朋友一起玩，他的大腦就會正常發育。

孩子的天職是遊戲

那麼，嬰兒要不要盡早訓練聽力和視力呢？

嬰兒的聽力，早在胚胎七個月時就已完成，根本不需要再特別去訓練；每天不停的刺激，對他反而不好。湖北省有個農婦，懷孕七個月時就把擴音器貼在肚皮上，每天不停的放英文錄音帶給胎兒聽，結果胎兒出生後重聽。不用說，當然是因為聽神經受損了。

至於視力，嬰兒剛出生時都是近視眼，大約三百度左右，只看得清楚母親抱著餵奶時從手肘到臉的二十公分距離。但他視力不好的原因，只是神經纖維外面包的髓鞘尚未完成，等到一歲半左右，調控晶體的神經纖維成熟後，視力就正常了，也不需要什麼特別訓練。

雜誌中所刊載的「增進嬰兒智力」的課程，更絕大部分都沒有實驗的證據。

臺灣和大陸社會，普遍有不管孩子需不需要，都送去上補習班、才藝班，以求父母心安的現象，這其實是不對的。孩子的天職是遊戲，神經科學家已在大腦中看到終身學習的神經機制，沒有輸在起跑點這回事，人生是場馬拉松，我們爭的是終點，不是起點。遊戲不但不是學習的敵人，還是學習的好夥伴，遊戲幫助孩子發展想像力，也培養他的領袖能力，畢竟出社會後，做人比讀書重要，ＥＱ比ＩＱ重要，不是嗎？

3 錄音帶不如遊戲場

嬰兒一出生、眼睛一睜開就開始學習，
在社交情境中，他的大腦動得最快，神經元活化得最多。

一位讀者來信說：因為她住家附近沒有全美語的幼稚園，所以她就自己替孩子打造一個全美語的環境，孩子一出生就給她聽英文錄音帶；會坐了以後，就讓她看英語錄影帶……。

但是，辛苦到現在兩歲半了，孩子卻還不會講英文，她想知道為什麼。

這個問題很好，相信很多父母也有這種疑惑：為什麼花了大錢買了一堆英文錄音帶、錄影帶，效果卻沒有立竿見影？

智慧，是從愛的手臂中發展出來的

語言的學習首重「互動」（interaction），需要有血有肉的真人親自跟孩子講話，孩子的大腦才會動起來。英諺有云：「智慧不是從機器坩堝爐中鍛鍊出來的，而是從溫暖有愛的手臂中發展出來的。（Intelligence is not developed in the crucibles of machines, but in the arms of warm, loving people.）」

人是社會的動物，我們的大腦是個「社會性的大腦」（social brain），會不停的尋求跟人互動，並從這互動中了解別人的動機，學習自己的因應之道。任何跟生存有關的訊息，不論大小，大腦都會立刻儲存起來，而且一次就學會——因為基因告訴我們，大自然可能不會給我們第二次機會。實驗發現，受虐兒偵察別人臉上憤怒的表情比一般兒童快了二十毫秒，因為他的大腦要馬上做出「戰或逃」的決定，只要遲上一步，他就可能會被打死。范仲淹所說的「生於憂患，死於安樂」，從某個角度來看也正是這個意思：在憂患中生活的人比較警覺，重大變化發生時，比較有機會逃生。

嬰兒一出生、眼睛一睜開就開始學習，在社交情境中，他的大腦動得最快，神經元活化得最多，不斷學習聲音和意義的連接，弄清楚它們的關係：這個人在講這個字時，表情和動作為什麼是這樣？這些訊息跟我的生存有關嗎？

人類最原始的學習，其實就是一個人際關係的學習，因為人際關係的結構就是嬰兒社會的結構，孩子學會A和B的關係、B和C的關係，如果B是C的弟弟，而C會打我，那麼B搶我的玩具時，我就要讓他，不然我會被打。語言就是在這種與生存有關的互動中學會的，所以小孩子在遊戲時，學習外國語言最快。

很多人都誤以為，給孩子越多刺激，他的大腦發展得越快，這是錯的，過猶不及，太多、太少都不好。大人不能無時無刻、不停地給孩子聽英文或音樂，因為孩子的大腦需要時間來消化所學的東西，整理歸類。太多的資訊，尤其快速運動感官的刺激，最容易使孩子以後成為過動兒。華盛頓大學醫學院的研究，就發現十個月大的嬰兒每增加一小時電視，到七歲時，過動的機率就增加一〇%。

別讓孩子在噪音下成長

噪音尤其使人心煩、血壓上升。舉例來說，法蘭克福機場是歐洲最繁忙的機場，平均每一分鐘就有一架飛機起降，科學家發現，生活在法蘭克福機場附近的孩子智商比較低，因為是整個社區的孩子，因此不可能是基因上的關係，所以懷疑是噪音的緣故。為了確定這個現象，他們便在美國中部、也是平均每一分鐘有一架飛機起降的芝加哥機場，調查附近孩子的智商程度，結果發現也是如此。

科學家確定現象後，便做動物實驗來找原因，他們讓小白鼠在八十九分貝的白噪音（white noise，二十到二萬赫茲頻率的總和）環境下長大，果然發現，在噪音情境下長大的老鼠學習比較慢，大腦的神經的連接比較稀疏。

由此可見，孩子不能二十四小時都暴露在聲音之下。臺灣有不肖商人在大陸推銷二十四小時音樂錄音帶給幼兒聽，很多父母花大錢去買，真是愛他反而害了他。

父母不必憂心孩子第二語言的習得，只要在青春期之前暴露在那個語言環境中，他自然就學得會。對孩子的未來來說，首要學習的是和別人相處，而不是語言講得有多流利。讓孩子跟別的孩子遊戲，比讓他看英文錄影帶更重要。已故科幻作家麥克・克萊頓（Michael Crichton）在《侏羅紀公園》中說「生命自己會找出路」，孩子自己會找溝通的方式，一九七〇年代，尼加拉瓜育幼院中一群聾啞生自己發明了手語，就是一個最好的例子。所以，父母不必太過操心，只要順其天性，孩子自然就長成材了。

4 塗色有助於孩子的學習嗎？

有的人認為，塗色會限制寶寶想像力的發展；
也有人認為可以促進寶寶色彩的感覺和手眼協調能力。

為什麼全世界的幼兒園，幾乎每天都有讓孩子塗色（在一個固定的造型裡按自己的意思塗顏色）的安排？照著圖樣疊樂高，會不會限制孩子的想像力？

大腦的神經一定要活化才會連接

孩子玩塗色是有道理的：一方面，塗色可以讓孩子「從做中學」、認識顏色；另一方面，塗色可以練習眼手的協調。

一開始時，孩子手臂的小肌肉尚未發展完成，常常會塗出格線之外，但是沒有關係，他的大腦是一直不停從經驗中學習的——剛剛太用力，顏色塗出了格子？好，下一次我就小力一點。每一個孩子，都會如此這般地在塗色的過程中調整眼手的配合。這個微調的歷程很重要，因為大腦的神經一定要活化才會連接成迴路，活化越多次，連接就越強，迴路越大條，以後做起同樣的事就越得心應手。

若在剛出生的嬰兒面前揮動一條繩子，他就會伸手去抓；但是他抓不到，因為他動眼神經上的髓鞘還未包裹完成，所以眼睛還不能聚焦。慢慢的他會進步，但還是會用力過度、超越目標；這也沒有關係，因為原本突兀的動作會逐漸變得平順——寶寶每伸一次手，大腦的運動皮質區都會收到小手沒有命中目標時送來的回饋，調整下一次伸手的長度和力道。所以，讓幼兒幫格子或圖像著色是個非常好的眼手協調訓練。

顏色塗出格子，更與創造力、想像力沒有關係，因為很少有老師會去限制他的用色。反過來說，教導他顏色應該塗在格子內並沒有什麼不對，就像我們訓練孩子大小便要去廁所一樣。難道隨地大小便也能說是創意嗎？創意也是要有規範的，不能成為恣意妄為、違法犯紀的藉口。現在很多孩子之所以不服管教、不守規矩，有可能是父母親在他小時候誤會了「培養創意」的意思。再有創意的人，也必須遵守基本的社會規範。而且規範需要從小學習，因為他必須先懂得做人，才努力當個創意人，父母千萬不可搞錯這個優先順序，否則會害了孩子。

那麼，樂高又該不該照著圖紙搭？同樣的，大人不必替孩子瞎操心。

孩子拿到新的樂高時，一定會先照著圖紙搭，因為他必須從組搭的過程裡學習新樂高玩具的各種排列組合玩法。每搭成一次他都會拆掉重來，搭過幾種變化後，他就不會想再「看圖說故事」了，而會自己創新。這是因為，任何創新都是建立在已經精熟的技巧上，不精熟，就無法得心應手地去變化。

就連張大千，也得去千佛洞臨摹

畢卡索（Picasso）曾說：「好的藝術家抄襲，偉大的藝術家剽竊。」（Good artists copy, great artists steal.）他的意思是：你一定先照別人畫，把技術弄熟了，懂得欣賞了，才能從別人的好點子上更上層樓來發揮。

已故的蘋果電腦創辦人賈伯斯（Steve Jobs），也在一九九六年說過同樣的話。中國的張大千先生，正是這兩位所描述的藝術家；他在一九四〇年去了敦煌千佛洞，臨摹石窟壁上的佛像和飛天，一直臨摹到抓到壁上佛像的精髓後，才成功超越那些北魏的畫家，創作出張氏的佛像和飛天。我們的小張大千，當然也得等到「臨摹」純熟了，才能把手上的樂高玩出圖紙以外的花樣來；所以，樂高先照著圖紙組搭是完全沒有關係的。

這個道理，也反映在孩子睡前常要父母念同一本書的現象上；雖然這本書他早就幾乎會背了，但他還是要父母念，因為每一次看到這個字、聽到這個音，他的大腦就會把這個訊息跟別的訊息重新組合一次，更加深它的神經迴路連接，使他從每次的重複中，都得到新的訊息和知識，所以他才會百聽不厭，念到書角都捲起了，還要聽同一本書。

遊戲是孩子的天職，父母不必擔心太多，隨他高興去玩，每個玩的動作都是創新，父母一加入干涉就失去遊戲的樂趣，變成功課了。

5 小心發掘孩子的天賦

人的確有聰明才智愚劣之分，都有自己獨特的能力；放對了地方，使這個能力發展出來就是天才。

臺灣一本暢銷的親子雜誌上某專欄作家，有次寫了一篇文章，反對嚴長壽總裁在《教育應該不一樣》書中所說的「人皆有獨特的天賦」。她認為，父母只要不打壓小孩就好，根本沒有必要去特意發掘小孩的天賦，因為天賦在小的時候是發掘不出來的；她說，嚴總裁在美國運通做小弟時，不可能知道自己有一天會是星級飯店的總裁，只要扎實做好每一個工作，把握機會，跌倒了爬起來就會成功。

我不太認同她的話，敬業是「態度」不是「天賦」，態度和天賦是兩回事，沒有人知道自己將來會怎樣，但是，只要好好做事，不論天賦，都有成功的機會。敬業的態度是成功之本，不可和天賦混淆。

那麼，究竟有沒有天賦這回事呢？

就實驗來說是有的，人的確有聰明才智愚劣之分，甚至連動物都有。長期做動物實驗的人都知道，雖是同一種動物，但有個別差異，有些動物學得快，有些學得慢，就算是同一隻動物，在不同作業的學習上也有差別，端看這項作業符不符合他的天賦能力。

人生是天賦和機緣的交互作用

這位專欄作者說「大部分人是通才，天才很少」，這句話表面上看起來很合理，但表象不代表內在的機制，不能因此就說沒有天賦這回事。很多表面上看起來是通才的人，其實只是沒有機會發展出他獨特的能力而已。做老師的都知道，有人的手比較巧，可以做細緻的工藝，有些人雖然也很努力，但做不來就是做不來。大腦會不停地因應外界需求改變內在神經的連接，一個能力如果沒有用到，過了青春期便會變弱或消失。有個實驗發現有些幼稚園的小朋友有「全現心像記憶」（eidetic image memory），給他們看三十秒《愛麗思夢遊仙境》的圖片後，他們可以說出「微笑貓」尾巴上有幾個環，但是進學校後，這種能力卻會慢慢消失，因為大腦的資源有限，上學後，資源要拿去學國語算術了。

一般來說，孩子都喜歡做他覺得容易、能帶給他成就感的事，假如一個孩子有絕對音感，他去學音樂就會比別人輕鬆些，如果又有學音樂的環境，那麼正回饋會使他最後成為音樂家。

人生的路是天賦和機緣的交互作用，有了天賦還要看機緣，不可隨便否定天賦的存在。

每個人都有他獨特的能力，「天生我才必有用」確是真理，父母不要懷疑。若有機會使這能力發揮出來，使用的歷程就會促使掌管這個能力的大腦區塊變得更大，使這個能力越來越好。

有個實驗，是用核磁共振儀掃描德國的小提琴家，結果發現他們左手的小指在右腦運動皮質區所佔的地方比較大，因為小提琴家是左手按弦、右手拉弓，每天都使用左手小指時，它在大腦中佔的地方就比一般人大了。當實驗者更進一步把這一群小提琴家再分成兩組：十二歲以前就學琴和十二歲以後才學的，就發現十二歲以前學的人，他們左小指佔的地方比十二歲以後再學的來得大（雖然兩者都比一般人大），因為十二歲以後再學的人，他左手的每個指頭都已經有了固定的地盤，可以變大，但不能很大，因為每個指頭都在保護它的疆域，不像從小學琴的人，他的小指像在處女草原上圈地，沒有那麼厲害的競爭者。

反過來說，不論這孩子的天賦如何，如果從小就強迫他只做一件事，如鋼琴家郎朗或網球天王阿格西，只要鍥而不捨地練下去，總有一天會成功。就像柳宗元筆下的賣油郎一樣，油從銅錢孔中過，不會弄髒銅錢，因為他賣了一輩子的油，他的大腦對這項工作已經駕輕就熟，變成自動化的歷程了。

順性發展，一定可以成材

大腦是可以訓練的，但是這不代表大腦沒有天賦的特長。問題只在：值不值得為了父母的虛榮去造就天才，讓孩子不快樂的過一生。阿格西從四歲起，他父親就強迫他每天打兩千五百個球，這樣的訓練造就了網球天王的他，卻使他痛恨網球；郎朗也曾用手搥牆壁自殘，甚至差一點把他父親從陽台推下去。我們不知道他們是否天生就有音樂和網球天賦，但是實驗告訴我們，如果每天只做一件事，是可以把這件事做得很好。

每個人都有他自己獨特的能力，放對了地方，使這個能力發展出來就是天才。我並不贊成父母送孩子去上一大堆才藝班，因為這的確是不需要的；父母對孩子要有信心，知道人都有天賦，只要好好地順性發展，他一定可以成才。父母不必擔心孩子的天賦在哪裡，他自己會來告訴你，他想做什麼，因為前面說過，人喜歡做自己最擅長的事。

6 孩子心中最大的恐懼

父母不管去哪裡，都不可把孩子單獨留在家裡，因為孩子心中被拋棄的恐懼，比對危險的恐懼還更大。

有一段時間，臺灣連續發生了好幾件幼兒從高樓墜下死亡的事件，起因都是大人不在家，孩子睡醒後，驚慌找人，不小心掉下去的。

很多人看到孩子熟睡，不忍心叫醒帶著一起出門，心想「反正只是去巷口買個早餐」、「反正只是送老大去上學，一會兒就回來了」、「反正只是去銀行繳個錢」……，就把幼兒留在家中，以為大門已經反鎖了，他出不了門，不會有事。然而，孩子醒來、大聲呼喚而沒有人回答時，剎那之間他是極端恐懼的，會以為被大人拋棄了（這不是我的杜撰，研究發現，「被拋棄」是孩子在成長過程中最大的恐懼；孩子被罰以後，第一件事便是要確定父母還愛他，所以我們常會看到哭得一臉鼻涕的孩子急著要親吻剛剛懲罰他的人，因為他要確定打罵他的人沒有不要他），因此他會全家搜尋，找不到人時，就一定會不管父母過去的警告，跑出陽台、開窗探頭……，悲劇就發生了。

不怕一萬，只怕萬一

父母不管有多快會回家，都不可把孩子單獨一個人留在家裡，因為孩子心中被拋棄的恐懼，比父母所告誡危險行為的恐懼還更大。

人不可低估機率，墨菲定律：「凡是可能出錯的事，必定會出錯（Murphy's law: anything that can go wrong will go wrong）」是屢試不爽的，「不怕一萬，只怕萬一」，對父母來說，這萬一的代價太大了，絕對不可以賭一下。

很多人抱怨說他不知該怎麼帶孩子，每個長輩、每本書給的建議都不同。其實盡信書不如無書，每個孩子個性不同，只要把握住教養的原則，依情境變通，就不必白操心。不管隔壁媽媽怎麼把孩子帶得服服貼貼，她的方法都未必適合你和你的孩子。

孩子最需要的，就是安全感。常看到孩子似乎全神貫注地在玩一個新玩具，但是嘴裡會三不五時就叫一聲「媽！」這種時候，只要母親隨口回應一聲「幹什麼？」他甚至連頭都不抬就繼續玩；但是，要是叫了沒有回應時，再好玩的玩具這時都不要了，他會立刻爬起來，先大哭再尋母親。有時大人會又好氣又好笑：「你有事也叫沒事也叫，誰理你啊，我就在廚房，你哭什麼！」

「訓練孩子獨立」的意思，不是把他丟進社會看他能不能生存；沒有準備好就逼孩子上陣，是孔子說的「不教而殺謂之虐」。想要訓練孩子獨立之前，先要看孩子多大了，能不能真正理解你說話的意思，聽不聽得懂你的教誨。老一輩罵孩子時，常說：「翅膀還沒硬，就想飛啦？」沒錯，要放手讓孩子單飛之前，父母當然先要確定孩子「翅膀硬了」，不然豈不摔死孩子？如果你對爬高而害怕求助的孩子相應不理，任他哭喊，以後你的孩子可能再也不敢爬樓梯——而且不再信任父母。這一點，其實才是最大的代價。

最近網路有個新名詞「BJ4」（不解釋），為什麼孩子會叫不應、不回答、不解釋呢？因為反正我講你也不想聽或聽不懂，只會批評、潑冷水，我就省點力氣不講了。孩子對父母的不信任，正是青春期叛逆的開始。

孩子的信任無可取代

我們希望孩子學習，卻常常使他對學習感到恐懼（例如少一分就打一下），這豈不是與我們的目標背道而馳嗎？

多年前，有位媽媽因為要訓練孩子獨立，就讓她念小學三年級的孩子獨自搭公車去上學，結果孩子個子小，看不見公車窗外的景色，錯過了學校，一路坐到終點站，舉目無親，害怕得坐在街上放聲大哭，後來雖然沒有出事，卻連續一個月晚上睡覺作惡夢。像這樣的獨立訓練只會使孩子不敢去試新的東西，每天緊黏在母親旁邊，反而更糟。

父母是孩子最信任的人，父母給的東西孩子會毫不猶疑的吃下去，這種信任是宇宙間最美好的感覺，千萬不要因為別人似是而非的話，破壞了孩子對你無條件的信任。

7

兩歲的孩子最可怕？

嬰兒的大腦發育，是「了解語言」在先、「使用語言」在後，所以他常「有口難言」，一再被誤解就只好發脾氣。

陰雨了很久的臺北，終於露出了太陽，在離峰時間的捷運上，兩個媽媽抱著自己熟睡的孩子在聊天，溫暖的陽光射在車廂中孩子的面龐上，形成一幅溫馨的圖畫。因為車廂安靜，所以母親的交談落入我的耳中。

一個媽媽說：「還是你生女兒好，不像我，簡直要被兒子折磨死，講也講不聽，打也打不怕，真想每天餵他吃安眠藥。」聽到這句的我嚇了一大跳，有這種事？怕孩子吵，餵他吃安眠藥？原來她們在談論的是，有個媽媽因為要坐飛機出遠門，怕孩子吵，很想把安眠藥掰一小片放在牛奶中，讓孩子一路昏睡到目的地。

我雖然知道她只是說說而已，但是有這個念頭是危險的，因為最近大腦的實驗發現，冥想會活化跟實做同樣的神經迴路，常常想，神經迴路活化久了，會變大條，有時會不知不覺做出來。既然兩歲孩子的行為有大腦成熟上的原因，我們不妨來談一下「可怕的兩歲」（terrible two）背後的原因。

不要小看孩子的好奇心

孩子一生下來就不停在學習，而這個學習的原動力，就是他的好奇心。兩歲的孩子會不聽話，是因為他的好奇心強過父母給他的禁令，更無法了解為什麼他不可以摸那個東西。所以，請把你不要他碰的東西放到他看不見的地方（不是你以為他搆不著的地方，因為有一天你會很驚訝的發現，他會搬椅子、搬玩具箱，搬任何可以增高的工具去把它拿下來玩），也不要引誘孩子犯罪，不要他吃糖就請把糖拿開，別讓他看得到糖卻又不准他吃。

不准孩子吃糖，其實也是一個迷思。愛吃甜是人的本性，甜味會觸發大腦的愉悅中心，讓人心情好（所以失戀的人很愛吃巧克力），甚至連子宮中的胎兒都喜歡甜味——實驗者注射糖水到子宮中時，胎兒吞嚥的羊水就比往常多。父母若是怕孩子蛀牙，只要讓他吃完去刷牙就沒事了。其實是越不允許的越是會想要，偶爾滿足一下，親子心情都好。也就是說，大人稍微用點心，可以不必每天打罵，也能教出有紀律的好孩子。

至於孩子大發脾氣、在地上打滾、哭到臉變紫色，則是他的情緒無法紓解，積壓久了，火山爆發才會如此。嬰兒大腦中「了解語言」的威尼基區（Wernicke's area）

發育得比「使用語言」的布羅卡區（Broca's area）早，所以他常「有口難言」，聽得懂，卻說不出來。當別人一直誤解他的意思，他又無法辯白時，會發脾氣。父母只要平日多觀察孩子，從肢體語言去解讀他的意圖，就可避免了。

人性是本善的，孩子不會故意不好好吃飯、故意把東西丟到地上、故意找你麻煩……。他不肯好好吃飯是因為他不餓，他若餓，一定會好好吃，因為飢而覓食是動物的本性。大人應該先檢討他不餓的原因（零食吃太多？快要生病了？），而不是用高壓政策：「不管你餓不餓，沒吃完就不准玩。」或是恐嚇他：「不好好吃飯，就叫警察來把你抓去關。」強迫進食是虐待，解決之道是三餐之間不要給他吃零食。

一、兩歲的孩子之所以會把東西丟到地上，是在試他的臂力、腕力，也想知道硬的、軟的丟到地上的反應。換句話說，他在作物理實驗，所以了解動機後，不妨拿各種不會破的東西給他丟；但不要「他丟你撿」，丟完了讓他自己撿，順便教他歸類：這個東西原來是放在這裡的，那個東西原來是放在那裡的。教會以後，就連三歲的孩子都可以幫忙你做家事。

有機會時，你可以說：「寶寶乖，去樓上媽媽房間幫媽媽把紅色皮包拿下來。」只要指令清楚，他應該都可以執行。孩子所期待的，是那句「寶寶好乖，好能幹，媽媽等下給你念故事書」，你只要把他替你做事的時間用回到他身上，他就會非常樂意替你做事。何況你又可以藉機訓練孩子做家事，對你對他都有益。

順著孩子的天性去教他

有人問微軟創辦人比爾蓋茲（Bill Gates）的父親，他如何教出這麼卓越的兒子，他的回答是：「我也不知道，我只是從不錯過他生命中的任何大事。」

亞利桑那州立大學的青少年犯罪學家西蒙（Ronald Simon）也說：「父母參與孩子生活的程度決定他行為的好壞，不是管教的鬆與嚴。」了解孩子行為背後的原因，你就不會生氣；順著他的天性去教他，他會有一個非常愉快，值得回憶的童年，你也會有一個聽話、上進的孩子。

8 別讓孩子畏懼失敗

「害怕失敗」很難改掉的原因，是恐懼症者不敢再去嘗試；他不知道，令他恐懼的東西已經不在了。

親友聚餐席上，孩子才幼稚園中班的媽媽抱怨「現在的孩子越來越難教」，個個好勝心強，不管重不重要，只要是比賽，一輸就扁嘴哭，有的甚至為了怕輸，連遊戲都不敢玩。

另一個媽媽則說，她念小二的孩子只因為賽跑跑不過男生，輸過一次後，就從此不肯上體育課了，每週二、四早上必哭，哀求「今天不要去上學」；還有一個媽媽的孩子現在是國二，小學時都是全班第一名，一進國中才發現強中更有強中手，第一次段考考了第三名後，就不願去上學，每天都要軟硬兼施、威脅利誘，她說實在很累。

其他人也頻頻點頭，表示她家的孩子也有這類的問題。

如果才幼稚園就只能贏、不能輸，人生還有那麼長的路，要怎麼走？這些媽媽都一直強調「有跟孩子說輸贏沒關係」，不知為何孩子都聽不進去。

本來勝敗是兵家常事，美國的家長會讓孩子很小就去打少棒，因為美國人認為打球就跟打仗一樣，勝敗是常事，從小讓孩子習慣比賽有贏有輸，讓他們知道：「這場輸了，最多痛哭一頓，下場比賽就可能又贏回來。」習以為常後，就不會那麼在意了。臺灣孩子關在公寓中長大，不曾體驗過這種「兵家常事」，所以既不習慣失敗，也不能接受失敗。

勝敗兵家事，得失寸心知

那麼，為什麼才幼稚園的孩子就對贏就有這麼大的期待，非贏不可呢？自古以來，中國社會一向就是「成者為王，敗者為寇」，對成功的人錦上添花，對失敗的人則落井下石。當孩子看多了成功者總是享盡榮耀，又親身體驗過這個榮耀時，這個記憶就烙印在他腦海中，也就覺得自己非贏不可了。

紀曉嵐在《閱微草堂筆記》中曾告誡我們「成功時不要太快意，失敗時不要太快口」，可惜大多數的大人都不能做到這一點。偏偏模仿又是最原始的學習方式，孩子一旦從父母對別人的批評中了解失敗者會被人看不起，就會很自然地因為恐懼被父母看不起、被別人嘲笑，以致不敢去嘗試沒有把握的事。所以父母在孩子小的時候，不要太過強調成功的獎賞，更不能在孩子面前嘲笑失敗的人，不要讓孩子覺得失敗就像從天堂掉到地獄，更加深他只能成功不能失敗的信念。

麻省理工學院教授喬姆斯基很早就發現，孩子聽得懂的比說得出的多很多，也就是孩子的能力（competence）和他的表現（performance）有很大的差異。不要低估孩子的能力，以為孩子不懂，大人在他們面前所做的不好的事，他們都會看在眼裡、記在心裡；平日裡聽到大人對時事、人物的批評，更會轉化成他的價值觀。這種內隱的學習，是直接儲存到他神經連接的突觸上頭的，即使將來大腦受傷，得了失憶症，這些基本價值觀都不會丟失掉。父母、老師的言行是孩子人生觀、價值觀的來源，非常重要。

即使是神，也不是每次一定贏

中國的父母特別注重分數：分數高代表成功，成功者獲得老師讚美、家長歡心；分數低是白痴、蠢蛋，老師、家長把他當空氣，視而不見，這種羞辱感，只要遭遇一次就會深烙孩子心中，變成對失敗的恐懼。「害怕失敗」很難改掉的原因，是恐懼症者不敢再去嘗試；他不知道令他恐懼的東西已經不在了，因此恐懼一直都在。

最近的研究則發現，孩子行為的偏差可從運動著手去改正（讀者可以參閱遠流出版的《浮萍男孩》及野人出版的《運動改造大腦》）。運動不只是鍛鍊身體，它帶給孩子生命的教育更甚於體魄的強健。可嘆我們一向不注重體育，雖然學術的研究早已知道運動和智慧、情緒發展有關，大家還是慣常以「四肢發達、頭腦簡單」來貶低運動員。仔細思量，在教育孩子面對挫折上竟是沒有比體育競賽更好的方式，尤其球類這種團隊的競賽，它讓孩子知道「我自己好不一定會贏，必須整個團隊好才會贏」，這不正是社會競爭的正確態度嗎？

孩子小時候很崇拜父母，把父母當作神，對於好勝心很強的孩子，父母不妨把自己過去的挫折講給他聽，讓他看到「即使是神，也不是每次一定贏」。在生活上，對贏的褒獎和輸的貶低都不要太過分，最重要的是，要利用球賽機會讓孩子看到今天輸球，痛不欲生，明天太陽照樣升起，又是新的一天，又有可能翻盤。人生沒有永遠的輸家，輸贏經驗多了，孩子自然就能跳脫心魔的掌握了。

9 親子共讀好處多多

父母親念書給孩子聽是最便宜的教育方式，
既增加了他的智慧，也增加親子的感情，何樂而不為？

二〇一二年的某個晚上，我去一所小學跟家長談親子共讀的重要性，講完後，一位爸爸趨前問我：「閱讀對大腦究竟有什麼好處？我爸爸從來沒有念書給我聽，我不也長得好好的嗎？我每天下班已經很累了，你還要我念書給孩子聽，它真的會改變大腦嗎？」

為什麼文盲讀不出「假字」？

是的，閱讀的確會改變大腦。神經科學家卡斯楚—卡達斯（Alexandre Castro-Caldas）和他的同事便透過研究發現，識字和不識字的人，大腦活化的程度不同，結構也不同。

在一九三〇年代，大部分的葡萄牙家庭都很窮，無力送所有的孩子去上學，因此長女往往被犧牲，必須留在家中幫忙種田或照顧弟妹；等到家裡經濟情況好轉時，這些弟妹就可以去念書了（臺灣早期也是如此）。卡達斯就找了十二對這樣的葡萄牙姊妹來做大腦掃描：既是姊妹，又有相同的生長環境，惟一的不同是一個有念過書，一個沒有；因此，大腦中只要有任何差異，應該就是來自有沒有上過學，真是實驗者眼中最理想的受試者。

實驗者用正子斷層掃描（PET）來檢視她們聽語音時大腦活化的情形，並用核磁共振（MRI）觀察她們大腦的結構是否有不同。

首先，他們請受試者躺在正子斷層掃描儀中，然後讓她們聽葡萄牙文的字及假字（所謂「假字」是雖符合造字規則，但是語言中其實並沒有這個字；例如英文的 brain〔腦〕是個字，但是 brane 就是假字，它雖然也符合英文的造字規則，但是英文中沒有這個字），並請她們重複所聽到的音。結果發現姊姊不能念假字，但可以很忠實的重複真字，她會把假字念成跟發音很相似的真字，例如聽到的是 Capeta（假字），她會把它念成 Cabeza（頭），或聽到是 travata，她會把它念成 gravata（領帶）。也就是說，文盲對語音的覺識沒有識字者那麼敏感，而且記不住。原因是聲音本是一陣風，聲音消失後，就像風吹過後什麼痕跡都沒有留下來；但如果它是個有意義的字，那麼，這個意義就會像一根繩子，把這個聲音繫住了（這是為什麼在記憶的研究上，我們會用「線索」來比喻記憶的提取）。文盲對語音不敏感，也抓不住那些音，因此，大腦只好用跟它相似的字音來幫忙記剛剛聽到是什麼。因為大腦的處理速度非常的快，是以毫秒（千分之一秒）為單位的，結果她重複出來的就是跟原來的音相似的真字了。

大腦工作時需要補充氧和養分，血流量就會增加，所以我們只要看哪些地方血流量增加了，就知道那個地方在工作。因此，核磁共振是看帶氧血紅素和去氧血紅素上的差異，正子斷層掃描則是直接計算葡萄糖的代謝。實驗者發現，文盲大腦掌管記憶提取的右前額葉區，真字和假字的活化程度沒有什麼差別，表示她們真的是把假字當作真字來處理；但是上過學、讀過書的妹妹，她的閱讀歷程就改變了她對假字的處理方式，能夠正確念出假字。

研究者又看到，識字者和文盲在腦島前區（anterior insula）的血流量有很大的不同。腦島位置在語言中心的布羅卡區旁邊，幼兒在學習閱讀時，腦島都會大量的活化。另外，識字者的左腦活化的地區很大，表示她們用語言的發音方式和語言的結構來幫助她們拆解假字的構音，並靠記憶區的活化幫助把假字念出來。

閱讀可以增長智慧

在大腦的結構上，文盲和識字者的胼胝體（corpus callosum）後區有不同，識字者較厚。因為胼胝體是連接兩個腦半球的百萬以上的神經纖維束，它像座橋似的，使訊息可以兩邊交換；當它比較厚時，識字者左右腦訊息的交換就會比較快。這個發現，解釋了識字者的語音記憶為什麼比較好，比較沒有重複錯，所以閱讀的確會改變人的大腦功能和結構。

柏拉圖說：閱讀可以使一個人更有智慧，因為閱讀幫助記憶，使閱讀者可以旁徵博引，說出更有智慧的話。識字者記憶力比較好的原因，則是廣闊的背景知識可以幫助他處理耳朵送進來的一序列語音，並能把連串的語音依腦海中已有的詞彙作有意義的切割，快速解析句子的意義，讓他們的思想和反應比文盲快——這就是柏拉圖所謂的智慧了。

父母親念書給孩子聽是一個最便宜的教育方式，使他博聞強記，而且一石兩鳥，既增加了他的智慧，也增加了親子的感情，何樂而不為呢？

10

孩子淘氣該不該管？

放任孩子沒規矩、不懂事，以後就真的會有創意？
邏輯思考的過程其實就是教育的本質，而沒有紀律的孩子是不受教的。

過年時孩子帶著孫子回來圍爐團圓，本來是很高興的事，但是有些阿公阿嬤說，孫子完全不服管教，在屋裡跳上跳下，吵吵鬧鬧，讓他們血壓都高起來，才想開口說上兩句，卻被兒子媳婦堵回去說：「這是新教育，孩子管緊了沒有創造力，網路上都是這麼說的。」

孩子淘氣該不該管？放任他們沒規矩、不懂事，以後就真的會有創意？

放任不能提升創造力

當然不是，規矩（也就是我們說的紀律）是從事任何職業都必備的條件。中國以前父母、老師管得太緊，孩子什麼都不可以做，的確扼殺了他們的好奇心、束縛了他們的想像力。現在創造力掛帥了，大家又一窩蜂的鬆綁，想盡各種辦法來提升孩子的創造力，有些未免走火入魔。

創造力的出現有一定的途徑，它首需思考，定出目標，再尋找達到這個目標的方法。隋煬帝夜遊江南時，因夜黑無月而掃興，就命令臣子舉光、但不得有煙——因為燃火把、點蠟燭會產生煙，破壞江南水上情調。眾人都束手無策，在沒有燈泡、手電筒的時代，哪有什麼無煙但有光的東西呢？有一個聰慧的妃子就想：什麼東西會自己發亮？螢火蟲。晉朝「車胤囊螢」曾有先例，於是她就用薄紗糊成宮燈，內放螢火蟲，漆黑的夜裡，一對對的螢火蟲宮燈煞是好看，使得隋煬帝龍心大悅，保住了很多大臣的頭顱。所以要有創造力必須先有思考能力，還要有背景知識：因為前人做過，所以知道抓螢火蟲可行。這個邏輯思考的過程其實就是教育的本質，而沒有紀律的孩子是不受教的。

在神經學上，創造力的定義是「兩個不相干的神經迴路碰在一起，活化了第三條迴路」，出現了從來沒想過的點子；因此，大腦中的神經迴路必須很綿密，電流傳導時才可能觸發鄰近的迴路。要使孩子有創造力，就要先問什麼活動可以促使神經連接？研究發現：遊戲和閱讀是兩個最好的方法。

遊戲是想像力的發揮，想像力則是創造力的根本。當孩子在天馬行空的作白日夢時，他大腦神經迴路活化得最多；閱讀時，每個字都會激發跟它有關的字串，創造力其實就是超強的聯想力，孩子看的書越多，背景知識越廣，見的世面越多，生活的經驗越豐富，創造力就會越強。

老地圖找不到新航線

小孩子都是淘氣的，但是淘氣也得有分寸，也要看場合。外國孩子很少打斷大人說話，因為父母不允許；外國幼兒園首重生活教育，他們不教拼字，但教禮貌。所以外國孩子在遊戲時淘氣，但在教室還是守規矩的。我們不能一味抄襲外國，必須懂得它背後的意義，才不會「橘逾淮為枳」。任何東西過與不及都不好，放縱不會幫助創造力，反而會使孩子以後難以定下心來學習。

「老地圖找不到新航線」，有新經驗才有新發現，創造力其實就是思考的彈性，這個彈性使孩子能跳脫固有的框架，看到別人沒看到的東西。它跟好奇心有關，跟沒規矩、不懂事沒關，父母不要誤以為，國外孩子的創造力是父母放縱的結果。他們的創造力來自從小大量閱讀及從生活中取得的寶貴經驗，我們也可從這裡做起，發展我們孩子的創造力。

11 別做「不要媽媽」

嬰兒的智慧發展有五項指標，共同的發展核心則是探索；
大人的禁止探索，會扼殺孩子智慧的發展。

朋友退休了，請我們去他家吃獅子頭，以證明他不是「講的一口好菜」。那天的獅子頭的確好吃，但是用餐的氣氛卻不甚愉快，因為他不停的叫著「不可以」、「不要碰」頻頻打斷我們的談話。

原來他的外孫女正在學爬，邊爬邊把東西撿起來放進嘴裡，他既要在飯桌上跟我們吃飯，又要顧到客廳的孩子，就只好大聲下禁令了。後來有個同事受不了了，站起來，拿個購物袋，把客廳所有不要孩子碰的東西全部收起來，再從皮包裡拿顆糖出來，對朋友笑笑說「還沒長牙，吃顆糖無妨」，塞進孩子嘴裡，孩子就坐在沙發上安靜的吃糖了，我們大家都拍手叫好。

「探索」是孩子的求生本能

以前念法律時，老師就告訴過我們「不可入人於罪」；用在小朋友身上，應該就是：不要孩子碰的東西，請把它先拿開；不要他吃糖，先把糖藏起來；不要他玩電話，請把電話放高。照顧孩子時，當然就要避免跟他說的每句話都是以「不要……」作開頭。

為什麼不要做「不要媽媽」呢？因為這個年齡的孩子不知道什麼叫自制力，也聽不懂道理，他是憑著本能在生活。對孩子來說，「探索」是求生的本能，他把東西放進嘴裡並不是要吃它，而是想要透過舌頭，來分辨那個東西的本質是硬的、軟的、方的、圓的……。

我們的大腦在發育時，運動皮質區和感受皮質區是最早包完髓鞘（myelin sheath，這是包在神經元的軸突外面那層白白的脂肪細胞，有絕緣作用，可以加速電流的通過）的地方。這個時期的探索很重要，因為神經發展學家認為，嬰兒的智慧發展有五項指標：探索的慾望、自我控制、創造力、口語講通的能力和解讀非語言溝通的能力。這五個能力共同的核心是探索，大人的禁止探索會扼殺孩子智慧的發展。

四、五歲的孩子會不停的問問題，但是一上小學問題就少了，因為他們很快就知道：老師要的是「標準答案」，不是我怎麼想。到了高中，學生更幾乎都不問問題了。著名的歐洲工商管理學院（Institut Européen d’Administration des Affaires, INSEAD）教授葛瑞格森（Hal Gregersen）花了二十年時光研究世界頂級的領袖，發表在《哈佛商業評論》（*Harvard Business Review*）上；他說探索是這些世界領袖的共同點，而不探索是企業最大的敵人，沒有新想法，企業就沒有新生命。探索是人類求生存的本能，直接登錄在我們的基因上頭。

嬰兒是天生的科學家

過去，大家都認為嬰兒是一張白紙，什麼都不懂；現在科學家卻發現，他們眼睛一睜開就不停的進行「自我校正」（self-correction）的實驗，觀察、預測所觀察的可能是什麼，去設計實驗來驗證，評估結果，再把這個知識加入資料庫中，跟我們作實驗的流程一模一樣。

所以，有人說「嬰兒是天生的科學家」。例如：實驗者拿一輛模型汽車在牆上滑行給幾個月大的嬰兒看，當實驗者手放開而汽車沒有掉下時（車身附有磁鐵），嬰兒的眼睛就睜得很大，一直看，表示他知道一個物體不可能自己懸在空中，它應該會掉下來，如果沒有，他會很奇怪。如果是在家中，他更會馬上爬過去，把汽車拿起來檢視，再馬上模仿大人的行為，自己試試看會不會掉下來。所以，過度禁止和強調標準答案會扼殺孩子的創造力。

一位媽媽給我看她小二女兒的段考題目：下列哪一種會長大？(1)桃樹；(2)小草；

(3)種子。它們全部都會長大，但是標準答案是2，因為課本上說「桃樹會開花，小草會長大，種子會發芽」，這一類的考題，只會使學生很快就放棄自我思想。

很多人都以為孩子的大腦發展是為了學習，但是演化生物學家卻說不是，它是為了「生存」，只要跟生存有關的東西，孩子都可以學得很快。我們活下來並非為了學習，而是學習使我們可以活下來。所以假如要孩子學得好，必須給他一個安全的環境，因為大腦只有在安全的需求被滿足後，才會讓神經元去進行它的第二任務：學習文化的發明如數學或科學。假如孩子心存恐懼，再好的老師也教不會。

親子共讀之所以能有效地把孩子帶入閱讀之門，就是因為父母把孩子抱在懷中一起讀時，他的安全感被滿足了，就可以專心的學習閱讀了。

請仔細算一下每天跟孩子說「不要……」的次數，再想一想有沒有別的方式可以減少它。鼓勵孩子探索，他會帶給你一個更美好的明天世界。

12 大欺小，媽媽最煩惱

大腦產生意念，意念產生行為，行為就是執行這個意念的結果；所以，要改變行為就要從大腦改變起。

在一場親子座談會結束後，一位年輕的媽媽趨前來跟我說，她很喜歡小孩，但是生了兩個以後就不敢再生了，因為老大一直去欺負弟弟，甚至還曾把弟弟推下樓，去了急診室。

「要是再生老三，兩個人聯手起來欺負小的，小的還有活命的機會嗎？」她說。

老大與老二的戰爭

那時，我當場就對她說：「大的欺負小的是嫉妒的關係，是可以教的」。

她說：「有呀，硬的、軟的都試過，跟大的說『不要打弟弟，媽給你糖吃』，也跟他說過『再打弟弟，我就叫警察把你關起來』，但都沒效。」

我說：「你的方法不對。既然知道打弟弟是源於嫉妒心，就應該消除他的嫉妒心，怎麼反而恐嚇他，使他更恨弟弟呢？至於給他糖吃，他會想，家裡只有我一個人的時候，這些糖本來都是我的，現在有了弟弟，我要分給他，還要對他好才有得吃。這麼一想，不就更氣了嗎？」

說到這裡時，好幾個聽到這個話題的媽媽都圍了過來，七嘴八舌地訴說她們的苦惱，有的說老大當她的面甜甜蜜蜜親弟弟，背著她時就去擰弟弟；有個媽媽甚至說，她家老大「笑裡藏刀」，是個雙面人。這些說法，真是讓我啼笑皆非。

人的大腦和行為是直接的關係，大腦產生意念，意念產生行為，行為就是執行這個意念的結果；所以，要改變行為就要從大腦去改變起。哥哥認為弟弟的出生分去了父母親對他的愛，所以他嫉妒，想要打這個剝奪他愛的禍源出氣。因此父母要從確定老大的安全感著手，讓他知道弟弟並沒有分去父母對他的愛。

比如說，哥哥打了弟弟，弟弟哭著來告狀時，你先不要罵老大，罵會使老大更確定弟弟就是每天使他日子過不好的原因。你要先給弟弟一顆糖，使他安靜下來（孩子無法一邊吃糖一邊哭，因為食道和氣管共用一個會厭軟骨，吞嚥時，氣管要蓋住，不然口水會跑到肺中。氣管蓋住了，氣上不來，他就哭不出聲音了），然後把哥哥抱到另外一個房間去，也給他一顆糖（不能讓弟弟看到哥哥打人還有糖吃，我們不能獎勵打人的行為），然後跟他說：「媽媽知道你為什麼打弟弟，你以為媽媽不喜歡你了，是不是？其實媽媽一樣愛你，只是弟弟小，什麼都要媽媽替他做，你看，媽媽只有一雙手，抱了弟弟就不能抱你，如果你替我抱弟弟，媽媽的手就可以空出來抱你了。」孩子這時會很驚奇你還會想抱他，因為他真的以為，有了弟弟你就不要他了。

你再跟他說：「你幫我照顧弟弟，媽媽把省下的時間用回到你身上，好不好？你今天陪弟弟玩三十分鐘，媽媽晚上就替你多念三十分鐘的故事書。我把你替我省下來照顧弟弟的時間用來陪你，我們可以下棋、散步，念故事書，或做你想做的事。」孩子這時會非常高興，等不及要去陪弟弟。不過，你一定要做到把時間用回到他身上，不可失信。當有客人來時，你還要當眾誇獎他，把老大的善行說給所有人聽，讓他臉上有光。

除此之外，一週都要抽一點時間專門陪老大作他想做的事。

去除原因，壞行為就會消失

老大一旦發現媽媽不是不愛他，只是忙不過來，而他能夠替媽媽分憂時，他是很驕傲的。因為這證明了他有用。

當他幫你照顧弟弟成習慣後，自然會變成弟弟的守護神，這時你只要坐在沙發上發號施令：幫媽媽去浴室替弟弟拿個尿布來、去廚房幫弟弟拿個奶瓶來、幫……，他勤快的小腳會不嫌累地跑上跑下，你只要記得，一拿到尿布或奶瓶時就一定要親他一下。在我們那個時代，孩子只要會走路，就可以幫忙做家事了。

父母不妨用一點《湯姆歷險記》中，湯姆找人刷籬笆的心理策略，使孩子更勤快些。在醫學院，我們常說「好醫生不是治病，是治人」，好媽媽也是一樣，不是懲罰孩子的行為，而是找出行為背後的原因，去除原因，壞行為就自然消失了。

生育率關係著國家的競爭力，爸媽們，安心的增產報國吧！

三 教孩子，慢慢來

學習沒有「輸在起跑點」這回事，那是句唬人的廣告詞。我們的學習並非短跑比賽，只管衝刺；學習是場人生的馬拉松，終身「肯」學習的人才會贏。

1

父母的態度決定孩子的命運

人生是場馬拉松，重要的是耐力；學習更是終身的，越是進入二十一世紀，分數就越是不重要。

一位小學老師寫信給我，問我有關父母情緒跟孩子行為的問題。

她說，她的班上有幾個孩子功課很好，卻有說謊和作弊的習慣。問了才發現，原來這些孩子的家長都要求孩子要考一百分，只要沒考一百分，母親就會用自責的方式或反諷的方式，以各種無形的壓力逼迫孩子考滿分。

這位老師也發現，那幾個媽媽都是緊張易怒、求好心切的典型「橡皮擦媽媽」，孩子雖然才三年級，卻已經變得沒有自信心，很膽怯，除非確定自己是百分之百正確才敢舉手回答，平日會察顏觀色，為討好老師而改變她原來要講的話，更會委屈自己去求得一句讚美（她在班上說「吃蔬菜是好孩子」，結果有個女生硬是把營養午餐剩下的青菜全都吃光）。她擔心這麼小就為討好別人而強迫自己去做自己不喜歡做的事，以後會很容易被朋友影響而失去自己的個性，或盲目追隨流行只因要與別人一樣。她想去做家庭訪問，卻不知該如何開口，這才寫信問我：父母的態度會影響孩子嗎?有無這方面的實驗證據?

照顧者的情緒會影響孩子

這方面的證據的確有,例如有產後憂鬱症的母親,寶寶才十二個月大,大腦的發育就與別人不同了。也就是說,缺少母親的情緒回饋,會對嬰兒神經迴路的連接造成影響。

實驗也發現,如果當母親的情緒陰晴不定或易怒,她的孩子對別人臉上表情的判斷也會特別敏感,當呈現一張憤怒表情的相片給他們看時,他們恐懼的反應比別人快了二十毫秒;羅馬尼亞孤兒院的研究更顯示,幼年期缺乏情緒的回饋,縱使被正常家庭領養了五到十年,他們情緒的發展仍然不正常。

這些林林總總的研究,結果都指向一件事——照顧者的情緒是會影響孩子的。

這裡有個演化上的原因:人類是所有動物中幼年期最長的,不像其他動物落地就能站,很快就能跑,我們需要大人的照顧,總要到十歲左右、智慧開啟後才逐漸能自立。因此,演化使嬰兒(包括幼年期的狗、貓和其他小動物)的臉短而圓、眼睛特大、身體圓滾滾,讓人喜歡而不至於遭毒手。幼年期的動物也特別會撒嬌,會討好給他食物的照顧者。

人類的嬰兒出生時，視力還沒有發展完成，但是嗅覺和聽覺已經很敏感了，天生眼盲的嬰兒，也能憑嗅覺找到母親的乳房，很小的嬰兒也會因為父母吵架而驚嚇大哭，他們雖然聽不懂吵架的內容，但是知道短而急促的大聲音對他不利。嬰兒喜歡別人抱，因為被緊抱是一個安全的感覺，以前婦女要下田做工時，都會把孩子揹在背上，只要貼著母親的身體，聞到母親的味道，這些嬰兒都很乖，一整天不被解下來「放風」都不哭鬧。

了解到孩子在成長的過程中需要的是安全感後，做父母的就要告訴自己不要太緊張，因為那會使孩子跟著緊張，手足無措。如果對孩子期望過高，孩子達不到時就會內疚，感到壓力，覺得自己是個失敗者（loser），有的會走旁門左道來達到父母的期望，如作弊；個性較懦弱的還會萌生自殺的念頭，覺得自己反正不夠好，死了算了。所以說，父母對孩子的態度決定他的命運，這點要非常小心。

父母本身的觀念要先正確

曾經有個母親，她的孩子是早產兒，小時候常會腸子裡有空氣，脹氣而哭，所以她養成習慣，動不動就問孩子：「肚子痛不痛？」孩子本來沒有痛，被母親這樣一問，就覺得好像有痛，有時更拿來當成不想上學、逃避考試的藉口。所以父母應該放寬心，不要整天擔心自己是否有少做了些什麼，耽誤了孩子的前途。

「輸在起跑點」這樣的廣告詞不足為信，因為人生是場馬拉松，學習是終身的，進入二十一世紀分數越來越不重要。香港目前的教育改革，已把「吸收知識」的傳統教育方式，改為「學習經歷」的經驗主導方式，把「教什麼」變成「學什麼」，鼓勵終身學習及從經驗中學習，所以父母也要逐漸擺脫過去「背多分」的思維，不要逼孩子考一百分，而是去看這題目出得好嗎？它能真正測量到我孩子的學習嗎？如果孩子懂得問問題，自己去找答案，父母就可以放心了。

父母的心情影響孩子的心情，尤其飯桌上的氣氛更是重要，要讓孩子感受到父母對他的關心，而不是只在乎他考多少分。父母本身的觀念要先正確，才能教養出健康快樂的孩子。

孩子是上天的福賜，我們要快樂的接受我們得到的。

2 拋開焦慮，陪孩子遊戲

十年樹木，百年樹人；
只有快樂的父母才有快樂的孩子，
只有父母放寬心，孩子才能適性的成長。

多年來，我在臺灣父母身上看到最多的，可以說是「焦慮」；更讓我難過的是，大多數父母都不明白，焦慮是完全不必要的。只有快樂的父母才有快樂的孩子，只有父母放寬心，孩子才能適性的成長。

大腦的發展必須順其自然

在臺灣，父母的焦慮是可以了解的，因為社會變動得太多太快，過去父母教我們的那一套已不符合時代的要求，又因現在資訊發達，三不五時就有「新發現」出來：不可以給孩子喝牛奶、不可以讓他開著燈睡覺、不可以……；更有人說：吃○○才會聰明、吃○○才會長高……。似是而非、道聽塗說的教養理論紛至沓來，讓父母根本不知如何分辨真假，最後只好「從眾」，別人怎麼做，自己也跟著做，這反而助長了歪風。

為人父母其實不必擔那麼多心。只要在正常有愛的家庭中成長，孩子的身體和大腦發育就不會有問題。

單就父母最容易擔憂的大腦來說，就算時代的變化再劇烈，人類大腦的發展也不會因而改變發展的程序。不論古今中外，孩子大腦的發展程序都是一樣的，加速不得，所以，「順其自然」仍然是千古不變的道理。即使稍微有些時間上的差異也很正常，因為每個人的基因和後天環境不同，發展的快慢自然不同，好比高速公路上有一線的車走得比較快，另一線的車走得比較慢，但是只要車子有在往前移動，都不必太擔心，最後一定都會到達目的地；反而是有人嫌這一線道車子跑得不夠快，硬要變換車道，換來換去不但沒有變快，甚至出了車禍，欲速則不達，哪裡也去不了。

因為天下父母都望子成龍，學校的課程又沒教我們自己的大腦是怎麼回事，所以坊間出現了各種針對父母焦慮的弱點來賺錢，宣稱能幫助大腦發展、使寶寶聰明的腦力開發班。父母在掏錢讓孩子受罪前，請先用科學上的反證法來思考一下。

在科學上，反證法是最有力的。當「天下烏鴉一般黑」這個命題出現時，就算你找到的一千隻烏鴉都是黑的，也不能證明這個命題的成立；但是只要找到一隻烏鴉是白的，這個命題便被推翻了。因此當「不要輸在起跑點上」的廣告用語打動了你時，請靜下心來想一下，有些人「大器晚成」難道就是騙人的嗎？我們的人生，難道不是更像一場馬拉松，順利跑到終點就算贏嗎？人生不是百米衝刺淘汰賽，小時了了，大未必佳。

又如廣告說「孩子睡覺時，聽英文錄音帶可以幫助他學英文」，你也要問：睡著了，耳朵不是聽不見了嗎？聽不見如何學語言？美國加州就曾經試過，用電視教父母耳聾、但孩子聽力正常的兒童學英文，結果發現無效；語言的學習是互動式的，孩子必須跟真人互動才學得會。至於吃了某種奶粉會更聰明等的說法，請稍微想一下，諾貝爾獎得主幾乎都沒有吃過這些補品，他們的大腦也發育得很好。只要孩子的營養夠，都不必吃補腦的補品，萬一裡面有重金屬就更糟了。

這種反思法，可以幫助父母思辨廣告的真假，不必因為別人做而跟著做。

遊戲才是孩童的天職

我認為，與其花錢送孩子去補習班或才藝班，還不如花錢請人打掃做家事，把時間省下來陪孩子，帶他去戶外踏青，體驗各種不同的生活。觀察力是訓練出來的，不同的環境有各種不同的刺激，孩子透過熟悉、區辨（先熟悉才發展得出區辨力）、推理、假設、驗證的步驟，學習到這個物體或概念。這種學習是最有效的，也是成為科學家的基本條件。

遊戲不但是孩子的天職，還能教會孩子如何與別人相處。在天時、地利、人和這三個成功要件中，人和是最重要的；一個有正向學習態度的孩子，永遠可以學新的東西，不必怕將來要用的知識現在還未發明。從目前檯面上的成功人士身上，我們經常看得到「學校的成績不等於出社會後的成就」的好例子，父母只要肯放下焦慮想一想，就馬上會知道過去的觀念要改變。孩子只要有長處，你就不必替他耽心，因為出了社會他是用長處跟別人競爭。

所謂「十年樹木，百年樹人」，養育兒女的路途也像馬拉松一樣漫長；天天帶著焦慮的父母，恐怕不等孩子成人，自己就先「百年」了。爸媽們，放輕鬆點吧。

3 「錯中學」的孩子最健康

動作和技術都是越用越靈光，越練習神經就越活化、越大條；做大人的，更別低估孩子的學習能力。

有次去美國開會時，我特別抽出空檔參觀了一所幼兒園。這所在當地頗富盛名的幼兒園沒什麼玩具，卻有個很大的沙坑，學校後面有片樹林，天氣好時，孩子就在樹林中野餐；我看到園中的每一個孩子，臉上也全都帶著笑容。

跌倒了？爬起來就好

這所幼兒園的老師對我說：「最好的玩具是同年齡的玩伴，實體的玩具反而會限制想像力的發展。」他們鼓勵孩子「假裝」自己是太空人、恐龍、木乃伊，甚至植物，儲藏室也真有很多道具，可以讓孩子隨興裝扮。此外，老師也盡量讓孩子自理在園裡的生活：自己上廁所、自己疊睡午覺的被，甚至自己端湯，「只要教會他們如何端，就可以讓他們端，大人不要低估孩子的能力。」如果跌倒了呢？「沒有關係，爬起來就好，人生誰沒摔過？」

老師指給我看一個東方小女孩，雖然才四歲半，卻很會做事。她是新移民的下一代，媽媽不會說英文，所以老師特別拜託我「等一下用中文跟她母親說，她把孩子教得很好」。說話間，媽媽準時來接孩子了，一聽到我用中文跟她打招呼，就馬上說：「怎麼辦呢，別的孩子都好能幹，一切自己來，只有我們家妹妹到現在都還要我一口一口的餵飯，也不會自己上廁所，我好擔心學校不要她。」我驚訝地跟她聊了一下，馬上明白了，這孩子的「問題」出在母親身上。

人都有好逸惡勞的天性，喜歡吸引別人的注意力、喜歡被人呵護，這位母親因為沒有上班，生活重心全在孩子身上，她必須送孩子去幼稚園，好盡快學會英文來幫她做翻譯；也就是說，是她離不開孩子，而不是孩子離不開她。她說，她在家是「讀秒」地等著孩子放學，難怪老師說她都很準時。

她口中孩子「不會」做的事，其實那小女生都會做，但在家中沒有必要會做，因為媽媽樂於替她做——有人抱，為什麼要自己走呢？有人餵，為什麼要自己吃呢？

一位曾在俄亥俄州立大學教書的朋友說，感覺統合失調的孩子是平日動得不夠；身體的動感和平衡感，是要從爬、翻、滾中練出來的，越練會越好。他說二次世界大戰前，沒聽說過哪個孩子有這問題，戰後美國越來越富庶，孩子越生越少，公寓越蓋越高以後，這問題才出現。他說小時候跟人家打架，你若跑不快，打架的本事不好，別人還不屑跟你打呢！因為嫌難度太低、刺激不夠。他認為現在的孩子缺乏「野放」，是軟腳雞。

海明威（Ernest M. Hemingway）曾經只用六個淺顯的單字（For sale: baby shoes, never used.），就表達出為人父母最深痛的悲哀。海明威的本意是：一雙嬰兒鞋還沒穿過就要賣，表示這孩子來不及長大便夭折了；但是現在這故事有新的解釋：可能是父母收到的嬰兒禮物太多，孩子還來不及穿，腳便長大了；或是孩子都是用抱的，根本不必穿鞋。

大人要放手，孩子才能放膽

動作和技術都是越用越靈光，身體越練習，神經就越活化、越大條。再怎麼陌生的動作，做了一萬小時後，就變成專家，因為那條迴路已經自動化了。更別說大腦還有可塑性，可以變通，就算先天有些不足，它也會徵召別的區塊來幫忙。我就讀過一個好例子：

曾經有一個四歲的小女孩，左腦枕葉和顳葉交界處掌管字母辨識的梭狀迴發生病變，神經細胞死亡，電腦斷層掃描的片子上是個黑洞，所以醫生認為，她一定無法閱讀了——連字母都不能辨識的人，如何去閱讀？但是她到了十一歲時，卻閱讀無礙，醫生用核磁共振儀觀察她時，這才發現，原來是她大腦右邊的梭狀迴活化起來幫助她分辨字母。

又如沒有手的人，他們的腳很靈活，可以替代手的功能，生活一樣可以自理。在核磁共振的影像上，我們看到他們運動皮質區處理腳的地方變得很大——原來處理手的那塊地方，整個搬到腳這邊來了。

所以父母不必緊抱著孩子，不必像《紅樓夢》中的賈寶玉，含在嘴裡怕化了、捧在手上怕摔了，整天擔心他會受傷。挪動家具，創造個安全的環境，讓孩子盡量的嘗試新動作（現在回想起來，當年家中的榻榻米真是很個理想的遊戲場所），也不必怕孩子犯錯。愛因斯坦說：「一個沒有犯過錯的人，也沒有嘗試過新的東西。（Anyone who has never made a mistake has never tried anything new.）」不管哪個孩子，都是從錯誤中學習的。

大人不也經常必須「做中學」嗎？犯錯當然更是免不了。大人要放手，孩子才能放膽，孩子必須要身手矯健、有勇氣、有創意，才能在二十一世紀出人頭地，不是嗎？

4 幾歲開始學外語最好？

小三以後才學外語，不但不會來不及，還可能事半功倍；
學習不是先跑就贏，要大腦「準備好再學」才會贏。

二〇一三年我到成都演講時，正好大陸發布了一個新的教育政策：小學三年級以前不許教英語，高考英語分值從一百五十分降到一百分。一時間家長議論紛紛，很多家長問：究竟學第二語言有無黃金敏感期？會不會太晚學英語，以後學不好，沒有競爭力？

不會的，孩子只要在青春期以前學習外語（美國奧瑞岡大學大腦發展實驗室暨認知神經科學中心主任奈維爾〔Helen Neville〕認為在十歲左右），就不會有口音，反而是母語沒有學好的，外語也會學不好，因為外語是架構在母語的基礎上的。

語言學習機制的啟動

母語的學習是個內隱的學習——父母沒有特別教，孩子透過模仿、嘗試與錯誤，自己悟出正確使用這個語言的方式。因為它是自己摸索出來的，所以孩子會用母語的文法規則，卻說不出來，例如中文說：一匹馬、一頭牛、一艘船、一架飛機，這對非母語使用者來說，非常困難，常會用錯：明明都是四隻腳的動物，一匹牛就不行；明明都是航行的交通工具，一艘飛機就不行。但是這個錯誤你不會在母語使用者身上看到，這一點，讓很多研究者驚訝內隱學習的高效率。

第二語言的學習是外顯的，老師從發音、文法教起，不勤奮學還學不會。這兩者動用到的神經機制不同：母語是內隱的學習，只要生活在那個語言的情境中自然就學會；外語的學習是外顯，要努力背生字、記文法，認真學習才會。人的大腦雖天生有設定的語言學習機制（language acquisition device, LAD），但是需要外界刺激的啟動；一個生下來正常的孩子因某些因素被隔離長大，沒有接觸到語言的話，他是不會說話的，如有個受虐兒在六歲時被救出來，她後來語言無礙，但是另一個十三歲才被救出，她的語言發展就有問題，顯示語言需要被啟動才會發展。

現今已有無數的實驗證明，所有的語言都在左腦處理—包括聾啞生所使用的手語在內。我們在實驗上看到，左腦中風的聾人雖然仍然能夠比手勢，但是手語就不行了；坊間有些人說第二語言在右腦處理，這種說法跟我們在實驗上及臨床病人身上看到的不符。語言都是在左腦的布羅卡區處理，因為左腦擅長時間碼（temporal coding）。曾有實驗測量在美國的韓國留學生，結果發現，他們母語和英語在大腦裡的位置幾乎重疊在一起，中間差了不到九毫米，因此，一個語言的精熟可以幫助另一個語言的學習，我們常看到歐洲人會好幾種語言，一方面是語系相同、文法規則相似，另一方面也是常使用不同語言的轉換，他的語言區比單一語言者來得大。所以，一個母語掌握得很好的孩子對語言有敏感度，學外語也相對容易。

大腦準備好再學才會贏

一個孩子只要浸淫在語言的環境中，不管這語言有多複雜，天天用就學得會。但是若沒有使用的環境，即使學了，也會很快忘記，所謂「學得快也忘得快」（easy come, easy go）。所以不必急著送孩子去學外語，先看自己生活周遭有沒有外語的環境——語言需要常常講才不會忘記。瑞士的法定語言有三種，法文、德文和意大利文，瑞士孩子從小學習這三種語言，一點問題也沒有。所以語言學習不在學多少種，而在有沒有使用這個語言的環境。

現在很多人把發音正確、會說日常生活的口語當作「英文好」，那是不對的，英文好不是只有發音正確，還必須「言之有物」——能用它來正確表達自己的意思，用詞遣字還要文雅。這沒有捷徑，只有透過大量閱讀英文書才會達到。父母可以先從英文小說著手，讓孩子從書中不同主人翁的遭遇，學會各個階層的人思想、說話的方式，並了解那個語言的文化。

但是，要能看英文小說，這孩子本身的智慧要到一定程度才行。小學三年級以後，智慧逐漸開了——我們在實驗上看到，一個十月大的嬰兒，他大腦的新陳代謝就已到達成人的地步，還一直往上升，五歲時甚至到達成人的兩倍半，然後才下降，九歲時進入一個平台。九歲正是小學三年級，所以我們把小學劃分為低年級（一、二年級）和中高年級（三年級以上），三年級孩子的母語已掌握到一個程度，可以在這個基礎上架構第二語言了，因此到小三以後才學外語，不會來不及，還可能事半功倍。父母不必先著急，學習不是先跑就贏，要大腦準備好再學才會贏，學習方式不當會有反效果，因為人不是機器，不是啟動機器就有學習效果出來。

有動機、情緒對，就會馬到成功

對學習效果而言，情緒和動機這兩者缺一不可，在實驗上看到，被動學習的老鼠神經連接稀疏，學習跑迷宮很慢，學習的效果不好。恐懼學習也不會有好效果，當孩子對某一樣東西（如數學）恐懼時，那個東西的訊息進不了他的長期記憶，因為緊張所產生的壓力荷爾蒙會阻礙掌管記憶的海馬迴的運作。

至於現在有很多家長，花大錢送孩子去上全美語幼兒園，希望孩子的英文會好，從研究的觀點看來，也是完全不需要的。孩子在幼兒園中所學的那些英文兒歌，只要把孩子放在美國的公園中，讓小朋友一起玩，不到一個星期就馬上統統學會了。孩子在幼兒園應該學的是合作、分享，不是講什麼語言，尤其全美語幼兒園規定在園中不許說中文，而孩子又沒有一個可以正確表達他意念的工具時，他的情緒會很挫折，我曾看到一個孩子因為不會用英文說「我要上廁所」，結果尿在褲子上，後來不肯去上學。

一般來說，父母的態度會影響孩子的學習。父母焦慮的話，孩子必然焦慮，一個焦慮的孩子，他的學習怎麼會好呢？學習是情緒和動機，父母掌握好這兩個要件，孩子的學習才能馬到成功。語言真的只是溝通的工具，只要別人聽得懂，不必要求百分百，孩子大腦如何正確思考判斷，才是他人生決勝的要件。

5

母語是學習雙語的基石

孩子的大腦有很大的可塑性，只要有學習的環境，再多的語言都可以學得好——但是，母語一定要先學好。

美國西北大學的認知神經科學家幾年前就已經發現，雙語可以增進大腦神經元對聲音的敏感度。

這個實驗的對象是四十八名大學生，其中二十三名雙語、二十五名單語，看他們在安靜的和吵雜的情境下，大腦對語音的處理情形。實驗結果發現，在安靜的情境下，雙語者和單語者的腦波圖形類似，但是在吵雜的環境下，雙語者大腦過濾背景雜音的功能比單語者強。在吵雜的環境下，雙語者較能聚焦在說話者的聲音上，排除其他不相干的訊息，使他們比單語者更能吸收到重要資訊。研究者認為，雙語強化了大腦處理聲音的能力，使大腦自動化的運作更有彈性，也更能專注。

你家就是雙語幼稚園

無獨有偶，最近多倫多大學也發現，說雙語可以延緩阿茲海默症（Alzheimer's

disease）。

研究者用核磁共振儀掃描疑似阿茲海默症患者的雙語和單語者，結果發現，兩組人雖然外表病症程度很相似，但是單語者大腦受損的情形比雙語者嚴重兩倍，顯示語言的轉換可以強化大腦的神經連接，用較緊密的神經連接來彌補大腦中神經元死亡所造成的缺陷。

這些訊息，立刻加強了父母送孩子去全美語幼稚園或至少是雙語幼稚園的動機，其實這是完全不必要的，國語、臺語、客語、福州話、四川話都是不同的語言，它們的詞彙不同、文法結構不同，在語言學上都是獨立的語言，只是因為沒有政治武器作為後盾，所以有些被稱為方言。孩子只要在家裡說母語，在學校說國語，就是雙語了，父母一點都不必擔心他大腦的發育。

另外，孩子的大腦有很大的可塑性，只要有學習的環境，再多的語言都可以學得好——但是，母語一定要先學好。

德州 A&M 大學（Texas A&M University）的休爾和維德（Rachel Hull & Jyotsna Vaid）曾用二〇〇五年以前，所有有關第二語言學習的論文用後設分析（meta analysis）的方法，來看第一語言和第二語言在大腦側化（lateralization）上的關係。結果發現，「早期的語言經驗會設定（anchor）後來語言習得的功能組織形態」；也就是說，第一語言的好壞會決定後來語言的學習。而且幼兒若不能用母語來表達他心中的意思時，很容易造成情緒障礙，所以父母不必急著把孩子送雙語或全美語幼稚園，而是應該優先把孩子的母語弄精熟，因為他與外面世界的溝通主要還是以他的母語為媒介。

第二語言的學習若沒有該語言的環境來支持，再早學也是枉然，所謂「學得快也忘得快」，一旦不用便會忘記。

左腦或右腦，不是重點

研究上，界定第二語言有一定的標準：得要聽、說、讀、寫都流利，才叫擁有第二語言的能力，不是只有發音或會說而已。至於坊間有流行「第一語言在左腦，第二語言在右腦」，更是不正確的說法。

休爾和維德的研究就發現，六歲前習得的語言，不論第一和第二，是兩個腦半球都有，但是後來統統轉到左腦去了；六歲以後再學的第二語言，更全都是在左腦處理。為什麼會這樣，是有其道理的：嬰兒一開始接觸語言時，他是把所有聲音都當作物理音來處理，而物理音是在右腦處理。他必須等到大腦熟悉語音，可以把一長串的聲音切割成有意義的語音時，才會轉到左腦去。也就是說，要具有語言的形態後，才會到左腦。我兒子從七個月大開始，每個月我都用腦波儀測試他大腦的語音側化，比如給他聽「媽、麻、馬、罵」這種四聲的音。在十一個月以前，這些音都是在右腦處理，但是到十二個月時，突然換到左腦來，從那以後不久，他就開始說話了。

其實，第一語言和第二語言在哪個大腦處理（基本上都在左腦）是不重要的事，重要的是他能否處理得很好。現在坊間有左腦教學、右腦教學，那是不對的觀念。

美國加州大學聖地牙哥校區認知神經科學的講座教授艾爾門（Jeffery Elman）說：「對大多數高等的脊椎動物（人類）而言，兩個腦半球是一直不停的在互動，它們整合起來，共同對應外在的世界。」所以沒有所謂的「右腦學習」，人是兩個腦半球交互作用，整合起來一致對外。

父母的心思不應該放在左腦或右腦上，而應放在孩子學習的歷程上，學習需要時間，因為神經的連接和整合需要時間，所以教孩子需要耐心，水到自然渠成。耐心的陪他說話，遠比送他去雙語補習班，對他的幫助更大。

6 運動真的可以改造大腦

體適能、心肺適能與學業成就有高度相關。
也就是說，身體越健康注意力越會集中，成績就越好。

美國哈佛大學醫學院教授約翰‧瑞提（John Ratey），也是臺灣非常暢銷的《運動改造大腦》（*Spark: the revolutionary new Science of exercise and the brain*，中譯本野人出版）一書的作者，在來臺演講的餞行宴上，語重心長的說臺灣學生的運動量不夠，連還不必上學的幼兒運動量都不足。他說，臺灣得天獨厚，有高山、有海洋，但是臺灣的孩子很少爬山，也很少游泳，城市公園中很少看到孩子在追逐玩耍或打籃球，鄉間也很少看到孩子騎腳踏車，所以他覺得，我們的孩子動態的活動太少、靜態的活動太多。

運動完學習效果最好

瑞提的觀察是對的，我們的孩子的確動得太少，有些父母甚至認為運動是浪費時間；很久以來，社會上還有「四肢發達，頭腦簡單」之類鄙視運動員的話。其實，運動不是剝奪孩子念書的時間，反而是幫助孩子學習，現在已有很多的實驗顯示，運動完學習效果最好。

伊利諾大學做了一個研究，發現體適能、心肺適能與學業成就有高度相關。他們給四十位小朋友做一些認知測驗，同時用腦波儀（Event-Related Potential, ERP，測量事件相關電位）檢視他們大腦活動的情形。結果發現，體適能越好的孩子大腦活動得越多，表示有更多的神經元被活化起來，去處理注意力、工作記憶的工作，而且處理的速度比體能不好的小朋友快。也就是說，身體越健康，注意力越會集中，成績就越好。

另一個實驗，是請孩子辨識出夾在五個字母中間的那個字母是什麼，但因為刺激出現的時間很短，又被要求趕快回答，所以孩子大多會犯錯。實驗發現，體能好的孩子在犯錯後的下一題反應速度會減慢，因為他知道自己錯了，下一題不要再錯，所以反應速度會慢下來；但體能不好的孩子下一題並沒有放慢，也就是說，他的注意力和自省能力還沒有辦法兼顧到那上面去，顯示他前腦額葉的皮質活化得不夠。

我們做衝動型暴力犯人的實驗時，也發現同樣情形——犯人犯錯後，反應時間也沒有慢下來。當用核磁共振掃描他們的大腦時，發現犯人大腦前額葉皮質的活化不足，跟伊利諾大學用腦波儀所做的結果一樣。

運動，還可以增加管記憶的海馬迴的活化—運動後的學生，學習生字的效率比運動前增加了二〇％。運動時，大腦會產生一種叫大腦神經生長因子（BDNF）的神經營養素，在實驗室中把大腦神經生長因子灑在培養皿中的神經細胞上時，神經細胞會長出新的分支，跟突觸上的受體結合，增強電流訊號的強度，使訊息得以快速發送。同時，大腦神經生長因子可以啟動基因，製造出更多的神經生長因子和血清張素與蛋白質。血清張素跟情緒和記憶有關，抗憂鬱症藥「百憂解」的作用，就是阻擋大腦中血清張素的回收，使它在大腦中比較多，病人的情緒就會好一點。

運動能使大腦中的神經生長因子增多是個很重要的發現。因為如果缺乏大腦神經生長因子，大腦會自行斷絕跟外界的聯結；運動可以誘發神經元的再生，增加大腦的可塑性，製造新的血管以輸送生長因子，等於是透過強化大腦功能，直接幫助孩子的學習。

有百利而無一害

運動對情緒、社交技巧（social skill）也有幫助，青春期的孩子若是運動得夠，叛逆和反社會行為會降低，因為運動所產生的神經傳導物質可以幫助孩子控制大腦情緒。美國很多中學現在不但增加體育課的時數，還在課中教方塊舞來幫助孩子改進人際關係。

方塊舞的跳法是男生一圈女生一圈，一邊跳一邊換舞伴，孩子有機會跟全班的人跳舞。同時方塊舞的音樂是簡單熱情的旋律，有助心情的提升。研究發現，這會增加孩子ＥＱ的能力，因為運動時產生的多巴胺是正向的神經傳導物質，當多巴胺多時，人的情緒會好，臉會不由自主的微笑。就算剛開始上課時心情不好，在跳舞後也很難再板臭臉。人喜歡微笑的人，方塊舞又容易跳，沒有球類運動那種技能上的要求，即使沒有運動細胞或天性羞澀的學生都不會排斥這種體育課。此外，方塊舞還可中斷大腦中焦慮的神經迴路，使一開始很焦慮的青澀少年跳到最後也可放鬆下來，慢慢建立跟別人交往的信心。

運動有百利而無一害，真是應該要多運動。但是運動是個習慣，需要從小培養，或許教育部在推完閱讀後，可以來推全民運動。有強身才有強腦，才能強國。

7 用音樂陶治孩子的性情

音樂不是有錢人的特權或上層社會的裝飾品，而是人類與生俱來、表達內心情感最基本的能力。

有一次，一個基金會給了我四十張免費的藝術表演門票，我興沖沖的打電話給偏鄉的校長們，以為大家會搶著要，想不到反應冷淡，家長們覺得與升學無關，不想開車載孩子下山來欣賞。

剛出生的嬰兒就喜歡音樂了

這真是太可惜了，其實，藝術是教化人心最好的方法。我曾在中輟生身上看到，他們打鼓時內斂凝神，表情跟他們平常嘻哈不在乎的神態完全不一樣。音樂不是有錢人的特權，也不是上層社會的裝飾品，而是人類與生俱來、體驗這個世界和表達內心情感最基本的能力。

尼采（Friedrich Wilhelm Nietzsche）說：「沒有音樂，生活將是一種錯誤。」我們都有聽到好的音樂內心澎湃的經驗，所以白居易才會說「如聽仙樂耳暫明」。人類欣賞音樂的能力是天生的，不論種族和文化，全世界的人類都發展出他們自己獨特的音樂來。考古學家在早期人類生活的地方都挖掘到獸骨做的笛子，表示史前人類就有音樂了。不管多原始的民族，聽到鼓聲節奏都會手舞足蹈；我們更也看到，各個民族雖然演奏的樂器不同，但是對音樂的喜好卻是一致的。

嬰兒在接觸到文化之前就喜歡和音了，剛出生的嬰兒聽到樂音會微笑，聽到噪音會皺眉頭。實驗者給六個月大的嬰兒看電腦螢幕上出現的小球，這些球會持續不斷的滾動到螢幕底下去，如果球滾動的節奏與擴音器中播放出來的節奏一樣時，嬰兒會比較喜歡看；如果球滾動的節奏不吻合擴音器中播出的節奏，嬰兒就會煩躁，頭轉開不肯看，甚至會吵鬧（這個研究法是哈佛大學心理系的史培爾基教授〔Elizabeth Spelke〕所研發出來的，嬰兒對他喜歡的東西看得比較久，對不喜歡的，注意力一下就游離了，因此，科學家就用這個方法，來推論還不會講話的嬰兒的偏好和其他的大腦認知功能），表示嬰兒天生對和諧聲音及配合節奏的動作有所偏好。其實連動物也不喜歡噪音，會連夜搬家逃避它，這也是為什麼噪音是精神虐待的一種。

發展心理學家早就觀察到，學齡前的幼兒會自發性的做出音樂的行為，他們在遊戲時，常用任何手邊的器具作有節奏的敲打；音樂常可使嚎啕大哭的嬰兒安靜下來，所以每個民族都有他們自己的搖籃曲。

嬰幼兒對旋律的記憶不比大人差

目前的實驗已發現，嬰幼兒對旋律（melody）的記憶跟大人不相上下。有個實驗非常有趣，也可以證明音樂是天生的。

音調（pitch）是在樂器上彈出一個音（note）時，我們所聽到的那個聲音；比如說，在鋼琴上彈一個A音，它其實是最低頻率的 440Hz（這叫基礎頻率〔fundamental frequency〕）和 880Hz、1320Hz、1760Hz、2200Hz 等和音所組成的音。音調是音樂基本的建構基石，有很強的生物基礎（biological foundation）；當一些音進入耳朵時，我們的內耳會把這些音拆成組合它的各種頻率，聽覺皮質再依頻率把它綜合起來，成為我們聽到的音，所以它是心理上的，不是物理上的。

這個實驗，是用電腦刪除基礎頻率 440Hz，但是其他的和音不動，再播放給很多不同年齡層的受試者聽。結果發現，所有的受試者都聽不出差異；問起來，他們根本不知道 440Hz 被刪除掉了，他們都仍然聽到那個不存在的 440Hz。原來大腦在綜合這些頻率時，自動把被刪除的 440Hz 加回去了，所以我們聽到的不是物理音，而是被大腦解釋過的心理音。這個現象在鳥、貓和猴子身上都有看到，所以音樂是個連動物都有的天生能力。樂音使人快樂，噪音使人血壓上升、心情變壞，最近的實驗還發現噪音易引發心律不整，所以建議不要暴露在噪音情境下超過三十分鐘，以免身心受損。

既然音樂的能力是天生的，我們用音樂來陶冶孩子的性情就能事半功倍；居家的安寧，更對孩子身心的發展很重要，父母不要再用聒噪不休的電視當保母，試試旋律優美的古典音樂，相信孩子會成長得更好。

8

會說故事的孩子EQ高

說故事，是很好的心智訓練；
實驗證明，五歲時會說故事的孩子，四年級時的學業表現比較好。

有回在捷運上，我看到一個了不起的小姊姊。她不但一本正經地講故事給弟弟聽，還會說：「你怎麼不問，小白兔沒有錢怎麼買汽球呀？」弟弟聽得全神貫注，被姊姊這樣一問，想都沒想就說：「為什麼？」姊姊得意的說：「牠沒有錢呀！沒有錢怎麼買東西呢？」弟弟說：「那怎麼辦呢？」姊姊說：「去跟媽媽要呀！」

我看他們兩人的互動真是可愛極了，忍不住問旁邊坐的媽媽：「您是怎麼教的，把孩子教的這麼好？」

她靦腆的說：「我是單親媽媽，平日連衣食都顧不過來，哪有時間教小孩？弟弟都是姊姊在帶。姊姊念小學之後，我便叫她念書給弟弟聽，我好去忙別的事，結果姊姊不但會念故事書，還會自己編故事，編得跟電視上的一樣好。她現在很會寫作文了不說，還得過演講比賽第一名，連弟弟也學會說故事了，每天晚上，他們倆都爭著說故事給我聽。」

聽到媽媽在誇讚她，姊姊高興得眼睛發光。

說故事是一種心智訓練

二〇〇七年，哈佛大學教育學院的史諾（Catherine Snow）教授曾在研究中發現：五歲時會說故事的孩子，四年級時的學業表現比較好，因為說故事所用到的組織能力、詞彙、想像力和前後的連貫性，都是語文能力的指標，也是以後進學校要用到的能力。負責說故事的人，不但要把別人講給她聽的故事內容忠實地傳遞出去（這部分是記憶能力），還包括自己對故事內容的解釋（誰是好人、誰是壞人），以及從過去生活中習得的經驗（沒有錢不能買汽球），所以是個很好的心智訓練。

的確，一個好的說故事者也是個好的表演者，他全身的表意器官——眼耳鼻舌手足——都會不由自主地隨著故事起舞，充分發揮戲劇效果。他同時還要有同理心，能從聽者的立場去猜測他的反應，例如姊姊問弟弟：沒有錢怎麼買東西？你怎麼不發問？有這種能力的孩子長大會有高EQ，在職場上會有貴人相助。

加拿大的西安大略大學曾做過個研究，實驗者先念一個故事給四十名五到六歲的孩子聽，然後請他們把故事重複一遍講出來，一組只是重複這個故事（控制組），另一組則是在孩子講的時候，由研究者提出五個W：是誰（who）？他做了什麼

（what）？他什麼時候做的（when）？為什麼他要這樣做呢（why）？他在哪裡做這個（where）？用提問的方式，讓孩子注意到故事的細節。

這樣連續訓練八週，每週二次，每次二十分鐘後，請小朋友依沒有文字的圖畫書編個故事出來，由實驗者記錄他們看圖說故事時，故事的完整性、詞彙的豐富度、文句的文法複雜度、前後的因果關係等等，結果發現，實驗組在上述的指標上都比控制組好。

從這個實驗中，我們看到語言的學習是互動的歷程，大人的提問會使孩子注意到本來被忽略的細節。因為故事是有連貫性的，所以前面述說的內容其實就是後面事件發生的原因，找出因果關係，故事的合理性就出來了。一個合理的故事容易記，也容易被敘述出來。

不要小看「說故事」的力量

父母不妨利用等公車、等紅綠燈的零碎時間跟孩子對話，增加他對周邊訊息的注意力和敏感度。情境效應（context effect）是提取記憶很好的線索，因為它留下的痕跡深且多樣（比如街上五顏六色的廣告、各式各樣的人群）。

不要小看「說故事」的力量，好的說故事者不但說的故事內容精彩，還能符合聽者的年齡和背景知識，使聽者跟他一起共鳴；這個能力，很多我們大人都沒有呢。

下次孩子要聽故事時，不妨換成讓他講故事給我們聽；我們樂得輕鬆，他們也得到練習，一舉兩得。

9 看得多，孩子自然就會數

內隱的學習是漸進的，急不得的，
父母太執著於教什麼、學多少，
反而會把原本很自然的學習弄得莫測高深。

最近報上有一篇有關幼兒數字概念發展的報導，引起了許多父母的注意，很想知道：要多早教孩子數字才正確？

不論語言或數字概念，每個孩子大腦成熟的快慢不同，學習不可一概而論。每個人雖然都有四個腦葉（額葉、頂葉、顳葉和枕葉），但是每個人這四個腦葉的成熟時間和順序都各自不同；「數」的概念是在大腦頂葉的內側溝（intraparietal sulcus）處理，當大腦在做「量」的判斷時，這塊區域就會自然活化。

學習得慢，只是時候未到

既然每個人大腦成熟的快慢不同，就不應該拿自己的孩子跟別人比。

人自出生以後，就無時無刻不在學習；幼兒的學習方式，則是觀察和模仿。訊息進來時，如果他已「準備好」了，就會吸收進去，變成他知識網的一部分，如果尚未，訊息無處可歸檔，就會流失——不過這也沒有關係，時候到了自然會吸收。

許多孩子坐在祖父懷裡看著大人下棋，每天看，看久了便會伸出小手幫祖父挪棋子；我們的學習語言也一樣，在日常生活中，大人講的話大部分幼兒是聽不懂的，但是聽著聽著，有一天就突然懂大人在講什麼了。這種內隱的學習是漸進的，急不得，現在的父母太過憂心，太執著於教什麼、學多少，反而把原本很自然的學習弄得莫測高深，其實大可不必。大腦的發展是水到渠成，學習慢不代表笨。

至於數的概念，中國人很早就知道猴子也有，不是有個「朝三暮四」的成語嗎？其實在這方面猴子的實驗還不少，而且都相當有趣。

有一個實驗，是讓猴子看到實驗者把一顆蘋果放在小舞台上，然後布幕關起來，當布幕再拉開時，舞台上就有了兩顆蘋果。這時猴子臉上是很驚訝的表情，眼睛睜得很大，嘴半開，看舞台的時間比控制組的更久。很有趣的是，八個月大人類的嬰兒在這種情況也是同樣表情，表示他們都知道「一加〇不應該等於二」；同樣的，實驗者在台上放三顆蘋果，布幕降下來時，從後面偷拿掉一顆，再把布幕升起來，猴子和嬰兒臉上也是驚訝的表情，「三減〇不應該是二」，顯示了他們已經有數的概念。

不過，猴子只能數到五，超越五以上就要出錯了。這個實驗是把五塊切得等大的蘋果放在一個盤子裡，另一個盤子則放四塊蘋果加一顆石頭；大部分的猴子會去選五塊蘋果的盤子，因為石頭不能吃，但是六塊蘋果跟五塊蘋果加一顆石頭時，選石頭那盤的猴子就超越了選蘋果的猴子，表示超越五，牠們就分不清了。

鳥類也有「數」的概念，做鳥實驗的人都知道，進入樹林去搭設觀鳥棚時一定要兩個人，不能只有一人，因為人一走近鳥巢，鳥就會飛起，想把敵人帶開，不願敵人發現牠的窩在哪裡；如果沒有人走掉，這隻鳥會在外面一直盤旋。但是假如兩個人進去，一個人走了出來，鳥就以為入侵者已離開，便會回去繼續孵蛋。所以一般的鳥類也有數的概念，只不過很不高明，停留在「有進有出」的階段。當然，鳥的種類不同，也有會表演算術的鳥，那是另當別論。

人的天性，就是不斷學習

如果動物一出生就有數的概念，人類的幼兒也有就不足為奇。比較有趣的是，很小的嬰兒就已經會比較大小了：兩個等大的甜甜圈放在一起，一個外面圍上比它更大的麵團，一個外面是比它小的麵團，結果嬰兒會去選後者，因為這時後者的甜甜圈看起來比較大，雖然兩個原本是一模一樣大的（參見下頁圖）。《伊索寓言》中

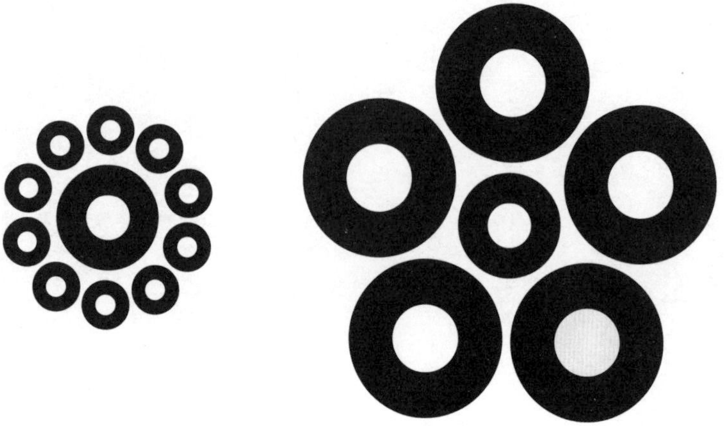

也有一隻狗嘴裡叼了一塊肉，經過橋上時，望見水裡也有一隻狗叼了一塊肉，牠覺得水裡那隻狗嘴裡的肉比牠的大，想要跟牠換，嘴一張肉就掉下去了，一塊也沒有了。這表示狗也會比較，也有大小的概念。這就是為什麼，老師要學生不要計較誰多誰少會這麼困難，原來，它是直接登錄在我們的大腦中的。

這些嬰兒的研究非常有趣，很清楚地告訴我們不可低估孩子的能力，應該平日就讓他多看、讓他多學，而且隨便他能學多少是多少。對中國父母唯一的叮嚀就是不要考他，不考，所有的學習才是快樂的，因為學習本來就是人的天性之一。

10 鼓勵孩子養成好習慣

小時候的習慣，會直接儲存在神經連接的突觸上頭；哪怕將來得了失憶症，小時候的壞習慣也都還在。

一個朋友生病了，我去探望時，看到她兩歲的孩子玩完玩具後，居然會把玩具放回木箱中，才過來要她抱。朋友抱著他，親他的臉說：「寶寶好乖，玩具放的好好，媽媽好高興。」然後誇張的對我說：「看我們家寶寶自己會把玩具收起來，是不是好能幹，好乖？」

我了解她的用意，便努力稱讚，寶寶高興得樂不可支，不一會就在媽媽懷裡睡著了，我這才輕聲問她是怎麼訓練的。

不懲罰，只獎勵對的行為

我們不是說「可怕的兩歲」（terrible two）嗎？兩歲的孩子智慧沒有開，講也講不聽，精力又充沛，常把父母整得恨不得把他再塞回子宮去，為何她的孩子這麼乖？

她嘆口氣說，做完化療之後沒有什麼體力帶小孩，只能盡量把孩子抱在懷裡，唱歌、講故事給他聽。她發現，孩子只要有人抱，尿片濕了也不鬧，就知道孩子喜歡被人抱，便用抱他、跟他說話來獎勵他。她說：「不要低估孩子的能力，孩子是可以教的。」

這位媽媽的親身體會，讓我想起幾年前，我們所裡請了一位美國教授來幫我們設立眼動實驗室，這位教授是摩門教的長老，有十四個孩子，帶了六個年幼的一起來臺灣，每帶他太太去買菜，都得出動四個學生幫忙推購物車，但是，這位太太並沒有忙得不可開交。

我觀察到，她才三歲的女兒就幾乎可以照顧自己，吃飯時會去拿自己的餐具，吃完了會把盤子拿去廚房，也有分配的家務事要做（餵貓、撿報紙、收拾自己的玩具和衣服）。她的每一個孩子都有應分擔的家務，家裡牆上掛著的一個鏡框，上頭有兩行字：「做完應該做的事後，你就有時間去做想做的事。」

當我們嘖嘖稱奇時，這位教授說：

「你們不是都念過行為主義的『塑造』（shaping）嗎？假如你們可以教會一隻豬站起來用後腳走路，還推著購物車上電視賣廣告，小孩子怎麼不可能教他處理自己的事呢？只要記住『塑造』是不懲罰錯誤（動物聽不懂人語，我們無法責罵牠），只獎勵對的行為就好了。」

沒錯，我們以前訓練狗去壓桿時，就是一開始只要牠面向桿子就給牠東西吃，所以牠一進籠子就會立刻面朝桿子；慢慢的，再訓練牠必須靠近桿子才有東西吃；最後，牠得要把前腳放在桿子上、往下壓才有東西吃。到這時，牠就學會一進籠子就馬上跑到桿子旁邊，指示燈一亮就開始拚命壓桿了。狗本來不會這樣做，但是習慣成自然後，這個行為就變成牠的本性了。

孩子的智慧當然比動物高，但是在智慧未開前，也可以利用獎勵的方式訓練他養成好習慣。

好習慣是終身受用的，有一次這位教授帶他小女兒來實驗室玩，要她先把小熊放在我的辦公室，才去實驗室看他父親裝儀器。回家時，她居然記得回到我辦公室抱小熊，她說：「小熊的家在我床上。」當每樣東西都有它固定的地方放時，東西就不會找不到也不會忘記了。

習慣成自然，教養定一生

聰明的父母都肯花時間教導孩子幫忙做家事，一方面減少父母的負擔，一方面訓練孩子獨立，將來會自己照顧自己。

教授講得很對，父母疲累了，脾氣會不好，沒有孩子喜歡會罵人的父母，假如孩子了解他幫忙把家務事做完了，父母就有力氣抱他，跟他講故事，他會願意做，因為每個人都希望有個愛他、誇獎他的父母，沒有人喜歡一直指責他不對的父母，只要把時間用回到孩子身上，孩子便會很樂意幫忙。

我的朋友也很聰明，她不用責怪的語氣去罵孩子：「媽媽都病成這樣了，你還來吵！」反而用鼓勵的方式讓孩子覺得媽媽一直都很陽光，喜歡跟媽媽在一起，心甘情願地替媽媽做事。

神經科學的實驗讓我們看到，小時候的習慣會對一個人影響一生，因為這個習慣是直接儲存在神經連接的突觸上頭，哪怕將來得了失憶症，小時候的壞習慣也都還在，除非你下決心去改，不然習慣是真的成自然，一不小心就流露出來。英國有一句話說：「從你吃飯可以看到你母親的臉。」日本人也說：「看你拿筷子就知道你的出身。」這些不知不覺流露出來的習慣就是教養，不管社會如何進步，教養都是一塊有力的敲門磚。

教孩子建立好習慣、分配時間、善用金錢，教他生活進退應對的禮儀，養成他閱讀的習慣，這些都做完了，你就可以安心等著收成了。

11

電視是最糟糕的老師

孩子純潔的心靈不容許被污染，父母負有監督和保護孩子的責任，請仔細過濾孩子收看的電視節目。

清明節時，碰巧在擁擠的車站遇見了一位以前教過的學生，他多才多藝，一畢業就進入廣告界，還做得不錯，所以當他告訴我他在「待業中」時，讓我很驚訝。一問之下才發現，原來他一直記得我教過的一個廣告對兒童影響的實驗，當他的理想和老闆只顧賺錢的理念不合時，他不願違背良心，便離職了。

電視最能扭曲我們的觀點

兒童節目的廣告都在推銷東西給孩子，除了玩具，推銷最力的是垃圾食物，嚴重影響兒童對食物的選擇，所以一九八〇年代的加拿大政府也才會立法禁止播放以兒童為銷售對象的廣告。但是，加拿大與美國只有一線之隔，很多地區仍然可以接收到美國的廣播網，而美國的廣播公司是不受加拿大法律限制的，因此這就提供了心理學家一個絕佳的實驗機會，可以比較食物廣告對兒童的影響。

這個實驗，以加拿大蒙特婁九到十二歲的兒童為研究對象。蒙特婁是個雙語城，有的孩子的母語是法語，有的是英語，他們平均看電視的時間都是一週二十二小時，但是以英語為主的兒童每天看美國節目兩小時，而以法語為主的每天只看美國節目四十五分鐘（其餘時間看法語節目），所以接受到的廣告量不同。

實驗者先請他們圈選出常看的美國兒童電視節目，然後再給他們電視廣告中出現過的高糖穀類脆片名單，請他們圈出家中現有的種類。果然，常看美國電視節目的孩子家中這類穀片比看法語的多，而且如果每天看一個小時電視，家中就會有一盒高糖穀類脆片；每天看兩個小時電視，家中就會有兩盒，而看三個小時電視的孩子家中有四盒——電視看得越多，高糖穀類脆片就吃得越多。

研究更發現，連大一點的孩子也深受電視廣告的影響。有一份調查是以美國華盛頓特區十二歲到十七歲的孩子為對象，發現他們想要電視廣告所賣的產品時，平均跟父母親要求九次就會有一半的父母買給他們。大部分的父母不能忍受孩子連續的哭鬧，若經濟許可，多半會投降，以金錢換取安寧。所以麥當勞的員工教戰手冊就寫道：「兒童通常是決定全家去哪裡用餐的關鍵人物，父母決定是否去外面用餐，但是很多時候是兒童決定去哪裡用餐。」要求員工盡其所能的討好孩子。所以，每家速食店都會推出各種玩具方案讓孩子去收集，很多小朋友，就為了收集全套卡片或玩偶而不停慫恿父母帶他們去吃。

電視最可怕的地方，是會在不知不覺中扭曲人們的觀點。常看電視新聞的兒童，就比不常看的更認為這個世界是個不安全的地方，因為許多新聞台是二十四小時不斷重複播放暴力的鏡頭，讓不少孩子甚至因為電視上的恐怖鏡頭而晚上有夢魘。

行為的形成來自模仿的潛移默化

兒童最喜歡模仿的，也是電視節目中的人物。美國《超狗任務》（*Underdog*）播放時，曾有很多小朋友模仿牠。危急時刻，這隻超狗會吞下藏在狗頸圈裡的藥丸，搖身一變成為大力士，把壞人打得落花流水；孩子看多了，便誤以為只要吞下藥丸就可以所向無敵。美國就有一個孩子，為了要去和鄰居小朋友打架，便先搬椅子爬上藥櫃，把他媽媽一瓶阿斯匹靈吞下肚，結果架還沒打人已經昏軟在地上，連爬都爬不起來。這孩子沒有送掉小命，真是不幸中之大幸。別說美國有學蝙蝠俠從高樓跳下來送命的孩子，一九九七年，只因為英國電視台播出一則由兩個最紅的橄欖球明星從瀑布中跳下的廣告，竟然便導致十四名兒童模仿其行為而喪生。

電視也讓孩子誤以為，喝酒、抽菸是「很酷」的行為。根據統計，每二十分鐘的電視節目就有一次喝酒的鏡頭出現，平均每部電影會出現十六次喝酒鏡頭。有人因此懷疑，現在美國大學生的酗酒情形之所以那麼嚴重，跟他們小時候看多了喝酒的鏡頭有關，使他們誤以為喝酒是一件稀鬆平常、不具危險性的行為。

我回國後家中便無電視，已不太清楚目前廣告中暴力情色氾濫的情形，在跟那位學生談了之後，一直在想，百無禁忌、一切開放的社會，真的對我們，尤其是孩子好嗎？行為的形成來自模仿的潛移默化，幾年前，電視明星倪敏然自殺，因為電視台連續兩週不停的播放他自殺的消息，結果有四十幾人跟著自殺。對媒體的肆虐，為什麼我們會如此束手無策、任人宰割？

孩子純潔的心靈是不容許被污染的，父母是孩子的監護人，負有監督和保護他們的責任，請過濾孩子看的節目，千萬不要低估媒體的威力。

12

壞人沒有你想的那麼多

電子媒體「報憂不報喜」，
使得爸媽們對壞消息更加敏感，覺得壞人很多，
其實不必那麼焦慮、緊張。

二〇一二年底，臺灣發生失業漢隨機把小五生騙到廁所割喉的事件後，有個媽媽寫信給我，說她已經焦慮到睡不著，沒有辦法讓孩子離開她的視線，只要一沒看到孩子就立刻心驚肉跳，想到最壞的地方去。她說她也不想嚇到孩子，教孩子不要跟陌生人說話，讓孩子以為天下都是壞人，但是她也不再敢相信路人——畢竟壞人臉上並沒有字。

好事不出門，壞事傳千里

媒體的力量真的很大，這件駭人聽聞的冷血謀殺案一播報出來，幾乎馬上讓有孩子的爸媽全都綳緊神經。事發後沒幾天，我去一家百貨公司內的餐廳用餐，吃完想去刷牙時，發現女廁所門口排了三個人，我以為大家在等用廁所，只好排在後面；

後來才發現原來她們並不是要上廁所，而是不放心女兒獨自去上廁所，不得不守在門外。由此可見，那時的臺灣社會有多風聲鶴唳。

事發前沒多久，諾貝爾經濟獎得主，心理學家康納曼（Daniel Kahneman）的大作《快思慢想》（*Thinking, Fast and Slow*，中譯本天下文化出版）才剛剛在臺灣上市；他說，人不是理性的動物，常常不考慮基本的發生率（base rate）就下判斷。他舉了個例子：「史提夫是個很害羞、不大方的人，他很願意幫忙人，但是他對人或真實世界沒什麼興趣，他是個溫和整潔的人，他喜歡秩序和結構、對細節非常執著，請問史提夫比較可能是圖書館員，還是農夫？」因為史提夫跟我們印象中圖書館員的刻板印象很相似，我們會說他應該是圖書館員，忘記了在一九七〇年代，美國男性人口中，農夫人數比圖書館員多了二十倍以上。就好像一個袋子中，紅色的球和白色的球的比例是一比二十，那麼你手伸進去，隨機一抓，是白球的可能性一定大於紅球，因為機率差太多了。

電視台也是，它會播報出來的新聞一定是聳動的事，多半有驚嚇性，因為研究發現恐懼是最好的賣點。我們的大腦是演化來的，恐懼的事會在大腦中留下深刻的印象，因為大自然通常不會給你第二次機會，你最好一次就把性命交關的事牢牢記住。所以，電視上報導好的新聞時我們往往聽聽就過去了，報導不幸的消息時，則每個人的耳朵都立刻豎起來，確定這種事不要發生在我身上。比如每次有綁票撕票的案子，隔了許多年我們都還記得。這就使我們產生一個錯覺，覺得這個社會不安全，到處都是壞人，絕對不可以讓孩子一個人外出。

美國有位媽媽，只不過讓她八歲的孩子獨自從紐約百貨公司坐地鐵回家，可當她把這件事寫在部落格上後，竟然引得無數人寫信來罵她，甚至有人遠從加拿大、英國、澳洲來罵她，說她是「天下最恐怖、最不負責」的媽媽，電視台也紛紛請她去上節目，讓她跟親子教養專家對談，說一說她為什麼這麼狠心，不顧孩子的安全，把她氣壞了。

新聞看太多，會得憂鬱症

事實是，她的孩子總是安全回家，而且還是孩子自己要求要搭地鐵的。許多孩子逛街時不喜歡有大人在旁邊催促，她既曾親自帶孩子坐過地鐵，孩子也認得字，知道從哪一站下車，也有方向感。小時候都自己上、下學的她，非常不能理解為什麼她不能讓孩子自己搭地鐵回家。她還說：「美國孩子死於車禍的機率是被綁架撕票的四十倍，怎麼沒有人叫孩子不要出門？」

問題就出在：這位媽媽小時候沒有現今這麼多媒體，更沒有無遠弗屆的網際網路，所以大家很少聽到綁架撕票這種事，但是現在電子媒體一天二十四小時不間斷地播報「新聞」，大家聽多了，就覺得頻率很高。現已有研究不贊成孩子看太多的新聞，他們發現新聞看太多的孩子心情沮喪，容易有憂鬱症。

為人父母者，如果能了解孩子發生意外的機率其實沒有想像的那麼高，不妨放寬心讓孩子去探索；但是，當父母的還是必須教導孩子「不可以跟陌生人去任何地方」，即使他說「你媽媽叫我來接你」，也不可以跟他走。也就是說，孩子不必看到陌生人就跑，但是不論那個人說什麼誘惑的話，都絕對不可以跟陌生人走。

其實父母可以在家中沙盤演練一下，比如假扮陌生人，對孩子說：「小朋友，那邊有隻小白兔好可愛，我帶你去看。」或是「廁所裡有好玩的電玩遊戲卡，跟我去，我拿給你。」（這就是兇手用來騙孩子跟他去的話）只要父母教育訓練過就不必擔心，畢竟這個世界還是好人多，壞人少，只要做好了準備，相信孩子都能安全、安心的長大。

四

講紀律，重品德

品德教育從孩子一出生就可以開始，因為習慣會成自然，成自然後就變成習性。所以拿破崙說：「一個孩子行為舉止的好壞，完全取決於他的母親。」

1 家庭是最早的學習場所

童年的教養很重要，但寶寶進學前最重要是養好他的生活習慣，不是去學什麼以後可以慢慢學的東西。

寶寶還在媽媽肚子裡時，大腦每一分鐘長二十五萬個神經細胞，等到出生時，神經細胞已經多達十兆，遠超過他一生所需，又因神經細胞非常耗費能源（大腦用到它體重十倍的能量），大腦不得不一直修剪不需要的冗員。小時候的經驗因此很重要——經驗促使神經連接，大腦會據此修剪掉沒有連接過的細胞。

內隱的學習是潛移默化的歷程

實驗發現，寶寶大腦中專司模仿的鏡像神經元一出生就開始工作，嬰兒眼睛一睜開就在學習，所以孩子是有樣學樣、耳濡目染，使他們近朱者赤、近墨者黑。孟母是個很警覺的媽媽，一看孩子的行為不對馬上搬家，因為內隱的學習是潛移默化的歷程，學會了便會了，洗不掉的。

實驗也顯示，十個月大嬰兒的大腦新陳代謝程度已經到達成人的地步，還一直往上升，五歲時高達成人的兩倍半，然後慢慢走下坡，九歲時又進入高原期；青春期神經再一次的大修剪，但是那時的孩子已有了自主性，學習也不再是內隱的模仿學習，所以孩子在青春期時所看的書、所交的朋友，對他以後人格的成長及人生觀很重要，因為那是主動的尋求神經的連接。

寶寶五歲前大腦快速成長，又因那時學習的機制是模仿，所以童年的教養很重要，它形成的是人的第二本能——習慣。人一天的生活中，習慣性的行為佔六〇%，因為大腦只有三磅，佔體重的二%，卻用掉二〇%的能源，因此大腦必須把一些例行公式習慣化，使不佔用資源，便能自動執行出來。我們之所以常在匆忙出門後才忽然心想：火關了沒有？門鎖了沒有？因為下意識的行為沒有留下記憶痕跡，我們就不確定了。

所以家庭是最早的學習場所，父母是最初的老師；小時候養成的好習慣，孩子會終身受用不盡。比如衛生習慣：只要一吃東西便要他刷牙，孩子以後不會蛀牙，也會順便養成不吃零食的好習慣；比如說話習慣：見人打招呼，「請」和「謝謝」不離口等，會使他人緣好，以後有貴人相助。

至於做事習慣，那就更重要了，如果從小養成物歸原位的習慣，他以後一輩子不必浪費時間找東西，所以在寶寶進學前，最重要是養好他的生活習慣，不是去學什麼以後可以慢慢學的東西。

五歲前，最好把孩子帶在身邊

品德其實就是生活習慣的集大成，因為外界的刺激會促使神經連接，而模仿是內隱學習的機制。五歲前，最好把孩子帶在身邊，讓他模仿父母待人接物、每天過日子的方式，這是他將來獨立生活的前奏曲；送他去幼兒園，讓他跟小朋友玩，這是他ＥＱ的基礎。研究發現，遊戲時，大腦會分泌一種神經營養素大腦神經生長因子（BDNF），而且遊戲是想像力的發揮，想像力是創造力的根本；孩子在遊戲時學習到的人際關係和領袖能力等，都是他將來出社會所必備的能力。

因此，父母不必急著送寶寶去早教（揠苗助長反受其害），也不必大量吃補品（再好的東西吃太多也不行），孩子要的是父母的關心與陪伴。父母給孩子最好的禮物是一個溫暖的家，因為只有在這種條件下，人格和情緒才能正常的發展。

2

從小養成好紀律

父母的確不宜動手，但當然有讓孩子知道「媽媽（爸爸）生氣了，因為你這種行為很不對」的權利。

《親子天下》雜誌曾經在網路上做過一個問卷調查，發現「最讓父母抓狂」的幾個行為，是頂嘴、漫不經心、耍賴、說謊……等等。這些行為背後的原因，其實都只是缺乏「紀律」，而紀律是從小應該養成的。

好習慣要從小養成

有專家說：父母不可以生氣，發脾氣前「要先吸一口氣、默默從一數到十，再和顏悅色的……」。我卻覺得，這樣做父母太辛苦了。

父母的確不宜動手，但當然有讓孩子知道「媽媽（爸爸）生氣了，因為你這種行為很不對」的權利。所有的孩子都害怕爸媽不理他，因為所有幼小的動物都沒有自衛的能力，都害怕被父母拋棄。實驗發現，幾個月大的嬰兒聽到父母吵架的聲音時，大腦情緒中心的杏仁核就大量活化起來，他們害怕憤怒的聲音。

嬰兒一出生就在學習，所以好習慣要從小養成，孩子若是無理取鬧，父母只要走開不理他，孩子很快就學會這方法是無效的，就會停止在地上打滾哭鬧。教養孩子最重要的是夫妻的管教一致，不能爸說可以、媽說不可以。孩子是很精的，他會挑撥離間，漁翁得利。

雜誌中舉了幾個孩子頂嘴的例子，比如：數學作業粗心寫錯被媽媽念時，孩子回嘴「又不是考試」、「只有兩題寫錯」，當母親生氣責備時，孩子哭說「你每次都這樣，只會一直罵我」，媽媽就問：「我罵錯了嗎？」其實答案已經在孩子的回答裡了，就是「你每次都這樣，只會一直罵我」，顯然這孩子沒有感受到母親的愛，覺得母親每天都在挑毛病，孩子一旦覺得父母只會挑毛病，父母的話便聽不進去，馬上產生反感。

蒙特梭利（Maria Montessori）曾經說過一句話：「父母不要像公雞一樣，以為牠不啼，太陽就不會出來。」孩子都不喜歡被念，念多了，耳朵會關掉，反而無效。教養的重點在平時養成孩子實事求是的態度，偶爾粗心的犯錯可以原諒，因為人不是聖賢，一定有犯錯的時候，只要不是故意，就不必太在意。

從孩子的回答中的確可以看出，孩子對學習的態度已經偏差了；孩子會回答「又不是考試」，既表示他覺得考試才重要，也可能代表父母在乎的是分數，不是學到多少知識。其實考試只是評量的一個方式，還不是最好的方式，我們考得太多，一學期三、四次，把學習變成壓力。

許多人說「快樂學習」，其實這句話值得商榷。學習是辛苦的，需要努力和毅力，但學到東西時是快樂的，這個快樂才是促使孩子繼續學習的動力；假如學不到東西，孩子自然對學習沒興趣。誰願意坐在課堂中「鴨子聽雷」呢？所以當孩子對學習沒興趣時，第一個要檢討的是大人，大人則要問：是教材太難？還是教的方式不對？

教養不難，以身作則而已

神經學早已證實，大腦有可塑性，連天生沒有胼胝體（聯結兩個腦半球的橋梁）的孩子都可以拿到書卷獎，正常的孩子當然一定可以學。我在念研究所當助教的第一天，系主任就對我說：「當老師的第一個信念就是沒有不可教的孩子，如果他教不會，那是你不會教，必須換個方式切入。」

另一個令父母抓狂的例子是：「叫她吃飯說不要，寫功課也說不要，洗澡也說不要。」孩子吃飯說不要是她的肚子不餓，大人要檢討：為什麼該吃飯的時間孩子會不餓？是吃了零食嗎？還是生病了？若是吃了太多零食，那就是大人的錯了。我一直反對父母端著碗追著孩子餵飯，孩子餓了自然會來找你，不餓而強迫他吃，說實話，不人道。

孩子說話的禮貌則需要從小教，跟大人說話要先稱呼，不可以說「喂」（我到現在還常收到大學生、老師，甚至校長的來信是沒有稱呼的）。一個從小教養好的孩子是不敢頂嘴的，我父親五十歲時，只要祖父喚他，他一定馬上放下手邊的事，一邊開口就問：「爸，什麼事？」他的身教使我們即使做到教授，父母喚，一定前去答應，而我兒子今年三十歲了，我喚他，他也是馬上來。

這種「父母喚，應勿緩」是從小養成的習慣，它是禮貌，這禮貌來自對父母的尊敬。孩子跟父母說話時，一定要帶著敬意，孔子不是說「今之孝者，是謂能養。至於犬馬，皆能有養；不敬，何以別乎？」嗎？一般來說，除非父母有做過讓孩子丟臉的事，不然孩子都是非常崇拜父母，如果有人敢說你爸不行，孩子會衝出去打架，就是打不過，也要去打。父母若能一直讓孩子尊敬，孩子是不可能頂嘴的。

教養孩子不難，以身作則而已，只要在孩子小時候用心帶，長大就不必，也不會抓狂了。

3

管教孩子永不嫌早

如果兩歲就無法無天，青春期時你要怎麼管教他？每個孩子都不一樣，但是基本的管教原則都一樣。

到馬來西亞演講時，有家長問我「小孩子不服管教怎麼辦」。孩子不服管教是常有之事，但是令我驚訝的是，有些家長口中的「小孩」竟是兩歲左右的學步兒。路都還走不穩，就已經令父母抓狂、需要「管教」了？

一個母親說，她兩歲的女兒若是要什麼沒有馬上給她，會發出的尖銳刺耳的叫聲、摔玩具、用頭去撞牆；她為了怕頭撞傷，只好屈服。另一位媽媽則說，她的孩子若是要不到想要的東西，就會很用力的打她，再不給時，甚至會咬她；她伸出手臂讓我看上面殘留的齒痕，看得我心驚肉跳，無法想像怎麼會養出這樣的孩子來。

這也就難怪，先前我去吉隆坡參觀書展時，正好一位臺灣來的、據說有陰陽眼的女士在開講，現場擠滿了聽眾，有一個女士竟會當場問她「我的孩子是不是來討債的」了。初聽到時，還以為我聽錯了，怎麼會有母親問這種問題？後來看到那位母親臂上的齒痕後，才知道其來有因。

再怎麼說，父母都不該縱容那麼小的孩子到這個地步。孩子一定要尊重父母，要不然，你講的話他一句也會不聽。

一定要讓孩子學會尊重父母

大學為什麼要找德高望重的人來當校長？因為不是這樣的人就領導不動，底下的人會不服。坊間有一些傳授教養方法的書說不可打罵孩子，不可讓他童年有陰影，要使他快樂成長才會有創造力……；好幾個媽媽拿那種書給我看，使我忍不住反問她們：難道沒有聽過「盡信書，不如無書」嗎？每個孩子不一樣，管教方式也不一樣，但是基本的原則都一樣，如果兩歲就讓他這樣無法無天，請問青春期時，你要怎麼管教他？

對會去撞牆自殘的孩子，父母可以讓他坐在那種汽車幼兒椅子上，使他不能傷害自己，然後把門關上，隨他去哭喊。一般來說，一歲關一分鐘、兩歲關兩分鐘、五歲的孩子關他五分鐘是無妨的。沒有大人在旁，孩子很快就安靜下來。再小的孩子都知道「沒有人聽時，哭是白浪費力氣」，孩子必須學會他得聽父母的話。

有時，孩子會故意不聽從，或做出相反的行為來，那是在測試父母可以容忍的底線，此時父母一定要堅持，不可妥協；比如當孩子說「媽，你好笨」這種話時，你就一定要馬上制止他。管教最有效的是在當下，父母要立刻回應孩子的挑釁，不能姑息養奸。此外，教養孩子更只能有一套規則，不可像坊間書上說的，父母一個扮黑臉、一個扮白臉——家中有兩套規則時，孩子只會無所適從。

不過，孩子做錯事時，只要他知道這是錯的，就不需要打他；處罰本來是使錯誤的行為不再出現，若是已不會再犯了，就不需要打。前些日子有本新書說一個母親「把孩子打進了美國名校」，大陸也有個父親「把孩子打進了北大」，這些「虎媽」或「狼爸」的作風都不足取，更不值得仿傚。

有過不罰，做對必獎

早在一九九二年時，科學家就在人類的大腦中找到了最原始的學習神經機制——鏡像神經元；最近更有研究報告指出，三歲前每個月被打一次的孩子，五歲時，動手打人的機率比沒有被打過的高兩倍。

孩子有很強的模仿力。有個父親放無薪假在家時，孩子不聽話，他怒起來打了孩子屁股一頓；才不過隔天，老師就說，他的孩子來到幼稚園後，沒多久便按著同學的屁股，一邊打嘴裡一邊說：「看你下次還敢不敢？」嚇得這位父親後來再也不敢打小孩。

管教孩子時，請不要用拒絕愛的方式，例如「你不乖，我就不愛你」、「你考不好，我就不要你」，更不可把他和別人比。實驗發現，即使是同樣一對父母帶大的同卵雙胞胎，在做同一件事情時大腦活化的神經迴路也不相同，因為他們後天的經驗不同。你的孩子與別人的孩子基因不同，後天生長的環境也不同，硬把他和別人比豈不太不公平了？孩子只能跟自己比，今天比昨天有進步就要獎勵他。

有些孩子開竅得慢，父母不要心急，不妨先回想一下：自己小時候有沒有學習較慢？這往往是基因上的關係，沒有對錯好壞；父母不可因孩子學習慢，就在別人面前使他難堪。

不論孩子做了什麼錯事，管教他時，一定要單獨開導他。尊重孩子會使孩子自重自愛，一個懂得自重自愛的孩子，父母就不必操心了。

紀律是學習之本，必須在孩子小的時候教會他。大腦科學的實驗，已一再顯示了「沒有不可教的孩子」，如果人能訓練一隻獅子跳火圈，怎麼不能訓練孩子放好書包、收好玩具呢？訓練動物只有一個原則——有過不罰，做對必獎，對學步兒也是如此，管教要以愛為出發點，孩子只有尊重父母，才會接受父母的價值觀。

4 品格教育越早越好

如果一個人學到的東西可以擦掉的話，那麼，小孩子在幼年期學的東西要用一生的時間去清除。

美國有位名校教授面試申請該校的學生，到了最後，手頭只剩一個名額，卻有兩個不分軒輊的好學生，無法取捨。於是，他問他們最喜歡的運動是什麼，一個回答「慢跑」，另一個回答「打籃球」。結果是，他錄取了打籃球的那個。

在科際整合的世紀，學術疆界已逐漸模糊，大家越來越感覺到團隊精神的重要性，我們的孩子，也必須能和別人一起共事才能成大業。然而，如果孩子性格孤僻，脾氣不好，那又怎麼辦呢？可以改嗎？

社會化，是跟同儕完成的

我們情緒的窗口關得最早，所以，小時候的情緒經驗和長大後的人格很有關係。孩子需要跟人玩，而不是只跟玩具玩，雖然一樣是玩，效果卻不一樣：孩子可以拿玩具出氣，玩具不會還手；人就不一樣了，你太兇，別人不跟你玩；但如果太懦弱，別人就會欺負你，只有在跟人玩時，孩子才學得到人際關係。孩子的社會化是跟同儕完成的，不是跟父母，因為他們認同的是同儕。所以，同年齡的玩伴對孩子的情緒發展很重要。

過去，父母都把遊戲當作學習的敵人，不喜歡孩子遊戲，現在知道那觀念是錯的，遊戲其實是學習的夥伴，它幫助孩子學習人際關係，發展領袖能力。尤其遊戲時是想像力的發揮，而想像力是創造力的根本。神經學家也發現，遊戲時大腦自己會產生大腦神經生長因子，這是一種神經營養素，幫助神經元發育。所以現在的父母應該盡量讓孩子跟別人玩，學習團隊的合作方式，並訓練他的領袖能力。

人的脾氣和個性，是先天（基因）和後天（經驗）的交互作用。著名的人類學家鮑亞士（Franz Boas）說：「文化使人超脫他的本性。」（Culture is what set people free from their nature.）人可以透過教育來改變他的脾氣和個性。

我有一個小學同學，頑皮得不得了，幾乎每天都會在課堂上挨打；想不到，五十年後在同學會上遇見時，他已經完全換了個樣。我們去旅行，車子一停，他立刻拿出抹布來擦車子，他的車子也因此永遠發亮到可以當鏡子用；去到旅館，大家鞋子一脫就進去泡茶了，他則彎腰把鞋子排好，令我們非常驚訝。原來他後來念的是軍校，軍隊嚴格的訓練，把他過去的壞習慣全改過來了。

所以父母不必擔心孩子脾氣不好，只要吃過幾次脾氣不好的虧後，他很快就學乖了，所謂「識時務者為俊傑」，在發脾氣之前他會先看一下情境。很多人在外和在家是兩個樣子，就是這個原因。

倒是秉性忠不忠厚、愛不愛計較、貪不貪小便宜，這個天性上的毛病就得父母多費心了。如果我們希望孩子長大後有愛心、願意幫助別人，那麼，我們就要時時以身作則，並且解釋給他聽什麼叫「己所不欲，勿施於人」，還要讓他親身去體驗。在世界名著《小婦人》中，牧師夫人就要四個女兒把聖誕節晚餐留下來，送去給孤兒院的孩子吃，培養她們的同情心。

習慣成自然，自然成習性

教孩子也要有技巧，更要選對時間才能事半功倍，例如要孩子養成喝白開水的習慣，最好的時機，就是在他口最渴時給他白開水喝，讓他體會到清水的甘甜，以後就會愛喝了。透過實做得來的體驗是最有效的；孩子從體驗中得到感動，有感動才能內化，這個內化了的行為就是所謂的「品德」。

品格教育從孩子一出生就可以開始，因為習慣會成自然，成自然後就變成習性。所以拿破崙說：「一個孩子行為舉止的好壞，完全取決於他的母親。」布魯爵士

（Lord Brougham）也說：「如果一個人學到的東西可以擦掉，那麼，孩子在幼年期學的東西要用一生的時間去清除，而長大後的學問不到一週便可全部清除。」

小時候的品格教養是一生做人做事的基礎。富蘭克林（Benjamin Franklin）說過：「經驗是一所寶貴的學校，可惜愚蠢的人只有從這裡才學得到東西。」雖然後天的經驗可以改正孩子的行為，但是人的生命有限，我們應該盡量讓孩子在小時候就把習性養好，長大後，才不必浪費寶貴的人生去改正它。

5

怎麼教，孩子才會有品德？

如果品德是天生的，那麼，為什麼孩子不會自動自發做出對的行為？那是因為品德雖然先天就有，但是還需要內化的歷程。

前一陣子，社會上連續發生了好幾件「不厚道」的事，如不讓座給老人、撿到錢要求留置金、徒弟在師傅隔壁開麵包店打對台等，再度引起許多父母的憂心：品德該怎麼教才會有效？

啟動孩子品德的機制

所謂品德，其實就是社會公認的態度和行為準則；認知神經發展學家認為，它應該是天生的。

在動物界中，只要是群居的動物都有內隱的行為規範，以維持族群和諧，以利生利。例如吸血蝙蝠就有互惠互助的內隱規則：若有同伴覓食失利，沒有吸到血，已吸到血的會吐一些出來幫助牠，但是假如這隻蝙蝠下次不回饋給別的蝙蝠，其他的蝙蝠會把這隻忘恩負義的蝙蝠趕出去。這個處罰很嚴重，因為離群索居的風險很高

（中古世紀的天主教，也會用「逐出教會」〔excommunication〕的方式來懲罰不服從的教徒）。

所以，演化使嬰兒的大腦一出生就對公平、情緒、同理心、利他行為很敏感。這使個體可以在群體中生存下去，也保障了群體在大自然中的生存。寫《語言本能》（*The Language Instinct: how the mind creates language*，中譯本商周出版）的哈佛大學教授平克（Stephen Pink）就說：「我們每個人天生就有品德的文法（moral grammar），這個文法迫使我們用品德的結構去檢視人的行為。」

但是，如果品德是天生的，那麼為什麼孩子不會自動自發做出對的行為來呢？這是因為品德雖然是先天就有的，但是還需要內化的歷程，就像人類雖然天生有學習語言的機制，但是還需要後天的啟動——孩子必須暴露在語言環境中，才會說話。

這個啟動孩子品德的機制就是模仿。心理學家班都拉（Albert Bandura）在一九六〇年代做過一個毆打不倒翁的實驗：當孩子看到一個壞的行為時，他們馬上學會，即使這行為後來被處罰，但孩子已經學會了，所以電視劇裡的壞人雖然後來受到懲罰，但是為時已晚，孩子已將壞的行為看進去，有樣學樣了。

因為孩子的大腦會不停的把外界發生的事情合理化，納入他大腦已有的知識架構中，所以父母改正孩子行為時，不可以只說「不」，而一定要同時解釋「為什麼不可以」的背後原因。可惜的是，很多人都誤以為孩子小，不懂事，便省略解釋這個步驟。

發展心理學家發現，絕不能低估孩子的能力而省略解釋；孩子只有在了解不能做的原因之後，行為才不再發生。例如不要孩子去摸仙人掌，除了禁止之外，最好加上一句「因為它的刺很多，刺拔不出來時手會很痛」。心理學家派克（Ross Parke）的實驗就發現，多加一句理由和後果的話，孩子不再犯的機率便提高了很多，而且這些理由會慢慢內化成他的品德規範，成為他行為的準則。

以愛管教，前後一致

對很小的孩子，父母有時可以讓他去嘗試不聽話的後果。我曾在俄亥俄州的一家超市看到一個三歲左右的小孩在發脾氣，脫掉腳上的鞋襪，母親叫他穿起來他不聽，母親於是抱起買好的東西，自顧自推門走出去。孩子見到母親不理他了，急忙追，因為外面下大雪，他光腳踩雪走不到兩分鐘，就大叫：「媽咪，我要鞋子！」我相信，他以後不會再這樣耍賴。對愛玩火柴的孩子，唯一使他不玩的方式也是讓他被燙一次，他就知道玩火的危險了（不過，這樣做時大人一定要在旁邊）。

在導正孩子的行為時，要先讓他知道你是愛他的，不是恨他的，不要讓他對你心生恐懼。管教的方式要一致，不可前後矛盾，所設定的規則要很清楚，而且必須是孩子做得到的。在美國常看到孩子對父母大叫「我恨你」，一旦到了這種時刻，父母就不應該再說教了，最好叫他回房去，因為此時多說無益。當你恨一個人時，你不會接受他的解釋。等孩子氣消了，才跟他解釋。

情緒，是道德判斷的基礎。曾有一個人因為前額葉長了瘤，開刀把瘤割除，因而破壞了通往情緒中心的迴路，結果這個人從此沒有了感情，對所有事情都無動於衷，他雖然在紙筆測驗上知道對和錯，但在行為上已經沒有辦法判斷，因為沒有了感情，他已經不在乎對或錯了。所以情緒很重要，安全感的需求要先被滿足，管教才會有效。

品德教育沒有捷徑，溫柔但堅持的執行你所定下的規則是唯一的方法。幾米曾經畫過一張圖，上面寫著：「當風可以很溫柔的對樹說話時，為什麼父母總不能很溫柔的對孩子說話呢？」這句話值得我們深思。

只要讓孩子知道你是愛他的，你的話他就會聽；因為，他心中是知道對和錯的。

6 幼時的紀律比知識更重要

人的學習能力，不會因他成年而減低；但是，嬰幼兒期的能力的確跟他長大後的認知功能有直接的關係。

人之所以能在大自然中存活到現在，靠的是兩個能力的交互作用：一個是調適（accommodation），一個是同化（assimilation）；前者是改變環境來適合我們，後者是改變自己去適應環境。

腦造影實驗顯示，大腦一直不停的隨著外界的需求在改變神經的分佈（所以沒有「三歲定終身」這回事），這個神經的可塑性，是我們能安然度過冰河時期等各種自然災害最主要的原因，因為它就是我們的學習能力——改變自己去適應外在環境的能力。人的學習能力不因成年而減低，中國人說「從小看大」，但是我們也聽過「小時了了，大未必佳」這句話。

人生沒有「輸在起跑點」這回事

小時候的能力，跟他長大後的能力有相關嗎？

紐約愛因斯坦醫學院的研究者，做過一個長期的追蹤研究：在寶寶七個月、十二個月、二十四個月和三十六個月大時，記錄他們在注意力、處理訊息的速度和記憶測驗上的表現，然後等他們十一歲時，再測試他們的執行功能（executive function），如工作記憶、抑制和注意力移轉上的表現。結果發現，我們可以從嬰幼兒時的基本訊息處理能力預測他十一歲時的執行力。

這個實驗的受試者，是一九九五年二月到一九九七年七月這段期間出生的二〇三個寶寶，其中五十九個是三十七週之前就出生的早產兒，一四四個是足月的孩子。等到他們十一歲時，實驗者找到了其中的一三四名回來做實驗，其中四十四名是早產兒，九十名是足月的嬰兒。

實驗者發現，那些早產兒雖然出生時體重不到一七五〇公克（足月孩子是二五〇〇公克以上），但是在度過初期的難關後，他們的智力發展都跟足月兒一樣正常。這個發現令很多早產兒的父母放下心，也證實了人生沒有「輸在起跑點」這回事。

因為嬰幼兒還不會講話，因此，實驗者必須透過外在的行為表現來推測內在的認知能力。他們是先使嬰兒對某一個刺激習慣化，當他看煩了，轉開頭不愛看時，再給他一個新的刺激；如果他能分辨出新舊刺激的不同，就會又開始去看它。他們就用這個方法，收集了嬰幼兒在記憶、注意力測驗上的數據。

當受試者十一歲時，實驗者用二〇〇五年發展出來的劍橋神經心理測驗（Cambridge Neuropsychological Testing Automated Battery, CANTAB）來測量他們的空間廣度、空間工作記憶、快速訊息處理，以及向度內和向度外注意力的轉換，另外給他們聽數字，看他們一次可以記得多少個。結果發現，小時候的記憶、注意力和處理資訊的速度可以預測十一歲時的執行力，尤其是抑制力（即能否抑制自己要去按鈕作反應的衝動，聽從電腦指示把伸出去的手縮回來）更是重要。這個自我控制的能力是執行力的核心，它跟孩子的紀律有關；有紀律、能自我控制的孩子，在各種作業上的表現都比較好。

影響執行力的關鍵因素

過去也曾有很多的實驗，都想找出影響執行力的因素。

有一個研究發現，在十四、二十、二十四和三十六個月大時展現出較強的自我控制能力的幼兒，十七歲時執行功能的表現比別人好，較能專注在手邊的事並把它做完，不會半途而廢或虎頭蛇尾。幼時的注意力能力，也預測了長大後能有效使用他的注意力資源，能過濾掉不相干的訊息，因此工作記憶上表現比別人好。甚至光是新生嬰兒凝視物體的時間長度，都可以預測他十二歲時「選擇注意」（selective attention）的表現。

另一個研究則發現，三個月半的嬰兒在看到一個東西出現時，從眼球轉過去看它的反應時間可以預測他四歲半時的視覺反應時間；嬰兒的辨識記憶（即區辨兩個一起出現的刺激，哪一個是以前沒看過的），可以預測十一歲時的記憶能力。

這些研究，都顯示了嬰幼兒期的能力跟他長大後的認知功能有直接的關係。孩子的認知能力的確有跡可循，從小看大是對的。而「小時了了，大未必佳」應該是錯的，若沒有意外，他的能力應該更好才對。

在大腦中，「抑制」的功能其實比「興奮」還更重要，因為大腦其實不缺訊息的輸入，需要的是把不相干的訊息抑制住，使它能專注去處理應該注意的事項，所以在孩子小時候，父母親在意的應該不是學了什麼新知識，而是有沒有教好他紀律、養成好的生活習慣，畢竟專注力／抑制不相干訊息的能力是學習的基本要件，從小訓練好了，他終身受用不盡。

7 品德是耳濡目染的歷程

早期良好的環境和親子關係，都有助於孩子後來對壓力的反應；所以，主要照顧者最好不要一直更換。

有一位新手媽媽寫信給我，信裡說她很想知道：幼年時的不良經驗，對孩子長大後的行為影響有多深？

她的育嬰假快滿了，必須回去上班，孩子剛滿一歲，正在模仿學習的階段。她找到了一個很有愛心的保母，是有大學學歷的外籍配偶，但是這個保母的先生沒有固定職業、好吃懶做，開口閉口都是三字經，來往的份子複雜，她看到了很不放心。她問：保母好、家人和環境不好，對孩子的品德成長有無關係？

環境、基因對幼兒的影響

環境對孩子一定有影響，不然孟母不會三遷。研究發現孩子受母親的影響最大，若是媽媽好、環境不好，沒有關係，「畫荻教子」就是一個例子。美國就有一個調查發現，媽媽好、爸爸不好，孩子會成長為好孩子；但爸爸好、媽媽不好，結果就不好了。所以主要照顧者好最重要。但是，如果家中進出的人物複雜，會令人擔心孩子的安全，而且品德是耳濡目染的歷程，孩子聽多了三字經，看多了抽菸、喝酒的舉止，免不了會模仿，保母的家庭環境是越單純越好，一方面安全，另一方面，沒有外務，保母才能專心照顧孩子。

至於環境對幼兒將來行為的影響，我們都知道有，只是至今還不知道，為什麼同一個家庭出來的孩子，最後的結果會不一樣：同樣受到父母的漠視、精神和身體的虐待，但是一個長大後酗酒、沮喪自殺，另一個卻站起來，為自己打出一片天。

最近的研究發現，這與孩子的基因有關，環境可以使某些基因表現（express）或不表現出來。比如說，思覺失調症的遺傳性有五五％，但貧民窟的思覺失調症患者就比中上階級多，因為窮困帶來挫折、營養不良（現在知道營養不良會影響大腦的發育），父母為了生活，無法照顧孩子等等環境的因素，促發了思覺失調症基因的表現。所以現在討論這個問題時，都從基因上來看環境和它的交互作用。

有個實驗，是先找出孩子皮膚傳導率（skin conductance level, SCL）對環境反應的強度，因為皮膚傳導率是周邊交感神經系統活動的一個指標，跟兒童及青少年尋求刺激、有沒有過動、注意力缺失有高相關；對環境壓力有高皮膚傳導率的孩子，容易產生內在的焦慮、恐懼和畏縮。最近，神經學家又發現一個跟迷走神經有關、測量副交感神經反應的指標——呼吸竇性心律不整（Respiratory Sinus Arrhythmia, RSA）。呼吸竇性心律不整反應高的孩子，壓力大時注意力比較集中，情緒調節比較好，在適應力、社交、注意力和工作能力上的表現都比較好，可以保護孩子，讓孩子比較不受父母吵架、家庭不和、對孩子不關心及同儕壓力等負向情境的影響。也就是說，孩子身體裡不同的基因，會使他們對不良的環境產生不同的反應。

早期良好親子關係的重要性

紐西蘭一個大型的長期追蹤研究發現，孩子基因中，要是血清張素、腎上腺素和正腎上腺素這三種神經傳導物質的對偶基因（allele）低，環境又貧窮、父母也不關心的話，孩子就比較容易發展出反社會行為；血清張素轉運子基因的對偶基因短小，則孩子容易發展出憂鬱症；多巴胺感受體（DRD4）的對偶基因越短小，孩子就越不能忍受挫折，沒有反彈力，對社會的適應不良。也就是說，基因上有缺陷、環境又不良、沒有社會支持時，這些孩子易得憂鬱症及焦慮症，甚至發展出反社會行為。皮膚傳導率強的孩子對懲罰的反應強，對獎賞比較沒有反應，這些孩子的父母親如果用打罵的方式來管教，反而容易有反效果，孩子更不聽話，哭鬧等負面情緒更常出現。所以管教孩子也要看孩子，同一個方法對某些孩子有效，某些就沒有效。

我們生理上的敏感度，都會受到幼年期經驗的影響。在良好環境長大的孩子會發展出高的生理敏感度，使他最能受到正向環境所賦予的最大利益；在受威脅、不安全、惡劣環境長大的孩子也會發展出高的生理敏感度，使他維持最高的警覺性，以利生存。所以早期經驗和生理敏感度是個U型，亦即高低不良環境都會得出高敏感度。相反的，大部分的孩子是在兩個極端之間的環境長大，他們的生理敏感度比較低，因為環境比較中庸。

因為早期經驗會設定（program）大腦對後來環境情境（context）的敏感度，所以早期良好的親子關係有助於孩子長大後面對壓力的反應。主要照顧者最好不要一直更換，若經濟允許，父母雙方最好有一個人在家親自照顧孩子，人生有些時候，魚與熊掌不可兼得，智慧的選擇是教養成功的條件。

8 盡早教導同理心

感同身受是最好的生命教育和品德教育方式，也是很強的內化動力；不要低估孩子的能力，同理心要盡早教。

近年來，發展心理學家在實驗上看到「同理心」與孩子情緒發展有重要的關係，鼓勵父母盡早教導同理心。但也因此，很多爸媽都問我：「孩子這麼小，怎麼教他同理心？」

「感同身受」是最好的品德教育方式

沒錯，小孩子當然不能說教，就算是青年，說教也是最沒有效的方式；但我們還是可以從實際生活體驗中，讓孩子多少了解同理心。有一回，我就在報上看到一個培養孩子同理心的一則好新聞。

有個基金會帶獨居老人到臺北市一所國小去重溫做小學生的感覺，同時也教小朋友如何和老人家相處，感受老人們生活上的不便，使他們以後對老人動作慢會更有耐心。

報導說，有一個四年級的女孩看到老阿嬤不識字，半個月就把兩個月份的藥吃光了，就在阿嬤早上吃的藥袋上畫了一隻公雞，表示是早上（因為公雞啼晨），晚上吃的藥袋上畫了一個月亮，表示是晚上（因為月亮出來了）。圖畫是最原始的溝通媒介，老人家即使不識字，也不會吃錯藥了。記者問她為什麼會想到這個點子？她說：「假如我不認得字，我怎麼知道哪一種藥是早上吃的？哪一種是晚上吃的？沒有人可以念給我聽時，我該怎麼辦？」

這就是同理心，而培養孩子同理心最好的方式，就是讓孩子在生活中實際體會別人的感覺，學習從對方的觀點來看事情。

感同身受是生命教育和品德教育最好的教育方式，也是很強的內化動力，父母親可以用假設句，比如：「假如你今天一天都沒有吃飯，你會不會很餓？如果這時有人分你一塊麵包，你會不會很感激？」慢慢引導孩子了解別人的感覺，幼稚園小朋友在搶玩具時，老師便可以問他們：「手上的玩具，玩到一半被別人搶去時是什麼感覺？」「打人時，被打的人是什麼感覺？」等等，教他們：你不喜歡這樣，所以你也不要對別人這樣。孔老夫子三千年前講的「己所不欲，勿施於人」，三千年後仍是行為的圭臬。

這樣教的效果比打罵更好，因為打罵只是暫時使這行為不出現，心中沒有認同，便不能內化為品德。實驗發現，越早有同理心的孩子，到四年級再測試時，學業成績和ＩＱ都比較高，因為學習非常受情境的影響，有同理心的孩子ＥＱ高、有人氣，喜歡上學，學業成績自然就高了。

現在世界各國都在改變教學方式，朝向活潑主動的學習和教學方式走去。有家長擔心活潑教學和紀律會有衝突，其實不會，因為不論活不活潑，所有的教學都得先有紀律才能教。品德和紀律是一體的兩面，品德好的孩子自然守紀律；孩子必須先知道什麼是可以做的，什麼是不可以做的，老師才能帶孩子去戶外教學，也才能在教室中用互動式的方式上課。例如學生必須先知道發言要舉手、小組討論時要輕聲細語才不會干擾到別人，因此兩者不衝突。

另一個教導同理心的好方式就是戲劇，但是在臺灣比較難做到，因為學校課程排的太緊了，沒有時間可以排練，但是可以利用社團來進行。

教導過，必然留下痕跡

目前我們臺灣在同理心上的教學很不足，孩子常用哭鬧、耍賴的方式來達到他的目的，長大後，這種處理情緒的方式易使他們走極端：自己得不到的東西就把它毀掉，使別人也得不到。孩子其實比我們想像的懂得更多，不要低估孩子的能力，盡早教，反正不懂無害，但是若懂了，終身受用。

大腦的特性是「凡走過必留下痕跡」，好習慣會內化成他的品格，而壞習慣養成了，也不容易改。從動物實驗上得知，一個被消除（extinct）的行為會有「自然回復」（spontaneous recovery）的現象，三不五時就會再出現一下，只是強度沒有原始的行為那麼強而已，所以注意孩子一開始就不要有壞習慣是很重要的事，中國人說「慎始」就是這個意思。

一個有遠見的政府，會把經費投注在幼教上，因為「好的開始是成功的一半」。瑞典政府給父母很長的育嬰假，孩子一出生，父母就可以請一年半的有薪親職假，而且父母兩人都可以請。從表面看起來，政府好像在大花錢，但是長遠來看國家省更多，因為不必花錢蓋監獄，而且國民品德好了，社會比較安定和樂。

「老有所終，壯有所用，幼有所養」一直是我們的理想，但是要老有所終，先要幼有所養，朝野不應吵老人年金的加碼，應該先固本，把錢花在幼兒教育上，只有把孩子教好了，國家才有生產力，老人才有年金可享。

9 讓孩子愛上做家事

「從做中學」是最有效率的學習方式。做得越多神經連接得越密，做起來就越輕鬆，做得越好。

《朱子家訓》說「黎明即起，灑掃庭除」是很有道理的，不僅因為「整潔為強身之本」，更因為「從做中學」是最有效率的學習方式。神經學家都知道，經驗是促使神經連接最好的方式，國外的學校之所以有很多實驗課，便是要求學生實際動手做（hands-on），因為從實驗上發現，眼睛看跟動手做，大腦神經迴路的活化不一樣。

父母的正確誘導最重要

學習在神經學上的定義，便是神經連接的方式與緊密度。有些技能方面的東西，如騎腳踏車、打網球、彈鋼琴，更是需要從小學習，因為那種記憶叫「程序記憶」（procedure memory），是肌肉操作的記憶，屬於內隱的記憶，即使不知道什麼時候學的，也不知道是誰教的，但是會了以後，就跟著我們長長久久。一個四十年不曾騎過腳踏車的人，再騎上去時，他會暫時搖擺一下，但是很快地，他的舊迴路被喚醒，就騎得輕鬆自如了。

這種程序的記憶，通常需要在作夢時喚出來演練，使它更精熟。作夢對大腦有去蕪存菁的作用，它把白天發生的事拿出來整理歸類，其實就是孔子說的「溫故而知新」的神經機制。小時候學的東西，經過作夢時千百萬次的演練，所以很難忘記。

這個重複學習的重要性，也可以在孩子喜歡重複讀同一本書中看出，因為他每讀一次，大腦的迴路便重整一次；當他每天都在經驗新的東西時，每一次的重整便會使他的背景知識更豐富，使他再讀一遍時感覺不一樣，因此他就不覺得厭煩了。

其實，做家事也是一樣，小孩子非常喜歡覺得自己已經長大，可以幫父母分憂解勞，大人只要把做家事變成榮譽的事，或把它變成遊戲，做完後，不論好壞，都先鼓勵再修正，孩子就不會排斥了。養成習慣後，孩子看到有事可做，手自然就伸出來做了。

反過來說，如果父母自己把做家事當作苦差事，一做家事就唉聲嘆氣，孩子當然看到家事就逃。所以大人要先做好榜樣，若是家事是菲傭在做，孩子也教不會。我媽媽對孔子說「吾少也賤，故多能鄙事」的解釋，便是孔子小時候沒有佣人，自己要做很多的事，所以長大就什麼事都會做了。

一開始，父母的誘導方式很重要。小時候，我家是日本式房子有榻榻米和地板，每天都得擦，非常辛苦。我小學一年級時，媽媽就給我一塊抹布，叫我跟著她，看誰最先能「把白的抹布變黑」。起先我很努力地跪著擦地板，想要把白布變黑，後來發現，搬椅子爬上去擦窗格子最容易讓白布變黑，我就除了擦地板外，另外擦窗戶。有一天我爸下班回來，不知怎的，摸到窗格子就很大聲的說：「這窗戶好乾淨啊！是誰擦的？」我那時驕傲到不行，從此愛擦窗戶。（走筆至此，忽然想起，搞不好是我母親故意叫我父親去發現的，不然，爸怎會突然去摸窗戶？）

正向的回饋非常重要

我母親從來沒有念過兒童心理學，但是她從小跟著兄嫂長大（我外公在雲南做縣長，那時雲南很偏僻，母親六歲便被送回福州老家跟我大舅生活），離開母親的孩子都比較早熟，也更懂得察言觀色、揣摩別人的心意，她不管叫我們做什麼事都和顏悅色，而且令我們覺得被媽挑中、幫她做事是件很光榮的事，什麼事一有光榮感就會搶著做了。

從神經學的研究上我們看到，做得越多神經連接得越密，做起來就越輕鬆，做得越好。這個正回饋在學習上非常重要，所以孩子在初入學時，基礎一定要打得很紮實，因為這個紮實是他神經正回饋的開始，奠定他以後學習的興趣。

小時候學東西不易忘的另一個原因，是「干擾」的東西還很少，我們常記不起前天早飯吃什麼或車停在哪裡，就是因為「同質性的干擾」，每天吃飯，每天停車，相同事件會造成「事件記憶」（episodic memory）的干擾。

在教孩子做家事時，也可順便教禮貌。以前客人來都要奉茶，母親會在廚房把茶泡好後，叫我們端出去。端茶有端茶的樣子：走路要端莊，不可使茶潑出來，端到客人面前先要屈膝，使身子跟茶几一般高，再雙手把茶奉上；眼睛要看著客人，稱呼他叔伯嬸姨，然後說「請用茶」。這是基本的禮貌，也是待人接物的道理，從小教，內化成生活的一部分後，孩子走到哪裡別人都歡迎。

父母不妨早早教孩子做家事，你會很驚訝，他比你想像的能幹得多。

10

小故事更勝大道理

小孩子常不耐煩聽大道理，但是都很愛聽故事；故事使孩子認同，產生同理心，因而受到感化。

隔壁鄰居要回鄉去投票，請我照應一下他們小四、小六的孩子。我發現這兩個孩子非常的乖巧懂事，吃飯前會幫忙排碗筷，吃飯後會把碗拿到廚房去，所以當鄰居來接孩子時，我誇獎他們教得好。母親靦腆的說：「沒有啦！我不曾讀過什麼書，我只是常跟他們講鄉下發生的故事而已。」

這就對了。蔡穎卿在她的書《寫給孩子的工作日記》中也說，「說別人的故事，教自己的孩子」是最好的教孩子方式。小孩子常不耐煩聽大道理，但是都很愛聽故事，尤其自己認得的人的故事，因為它比歷史故事少了時空的距離，多了親切感。故事使孩子認同，產生同理心，因而受到感化。

母親在廚房裡說的故事

行為的改變必須來自內心的感動，故事，就是最能感動孩子的方式之一。

現代父母因為忙，常常忘記說故事的威力，教育孩子流於簡短的斥責，只告訴他什麼行為不可以，卻沒有指出為什麼不可以，以及應該怎麼做才可以。

回想起來，我小時候學到最多的不是從父親的訓話，而是從母親的故事中。以教「愛惜光陰、不要好吃懶做」為例，父親的方式是叫我們背「少壯不努力，老大徒傷悲」，或是「黑髮不知勤學早，白首方悔讀書遲」等古人的話。我們背是背了，心中卻無甚感覺，雖然知道不努力以後會遭殃，但是那是以後的事，平常照樣好吃懶做。

母親就不一樣了。她的做法，是在廚房做飯時一邊叫我們洗菜，一邊跟我們說她親戚的故事，如二舅小時候身體不好，外公疼他，不叫他做事，只要他養病，結果變成肩不能挑、手不能提，什麼事都不會做。「其實身體要動才會健康」，她每天叫我們做事，我們的手都比同學有力氣，不是嗎？我們一想，果然手能提的東西比同學重很多；母親就跟著說：手能提重的東西，以後做事不求人。然後再說二舅怎樣，又回到我們的生活來反問我們；這樣一點一滴，用一個二舅做例子，母親就把「少壯不努力，老大徒傷悲」的意義講出來了。最奇怪的是她完全沒有講到愛惜光陰，只讓我們看到蹉跎一生的悲慘結局；「祖產花完，明天還要吃飯，怎辦呢？」

我記得母親這樣問時，腦海中浮現出周璇唱的〈銀花飛〉裡那一句「冰天又雪地，無食又無衣」，心中很是恐慌。我先生常說我走路很快——那是為了節省時間；說我討厭浪費——那是為了節省物力。故事的力量，真是遠大於訓話的力量。

從別人的故事中，孩子最容易學到生活的禮儀。我記得有一次，有個客人來家中串門子，坐了很久都不走，眼見天都要黑了，母親很著急，客人一走，她馬上到廚房升火煮飯，這時她一邊淘米，嘴裡一邊教我們做客人的禮貌：寒暄三句後，進入主題，主題談完，再問候一下主人的家人就要告辭，不可久坐，因為人家可能還有很多的家事待處理。母親說外公那個年代，主人端茶就表示要送客，客人不可賴著不走，現在人沒有這個禮節，就要懂得看主人眼色，如果主人坐立不安時，就要起身告辭。她又說，做主人不可頻頻看錶，這對客人不禮貌，人來到我們家就是客，不管什麼人都要以待客之道待他，不然反映出來是自己的失禮。她教我們如何不著痕跡的看錶，如何在不傷人自尊心之下，讓客人知道「孩子馬上放學回家要吃飯，做主婦的要去廚房張羅晚餐了」。

成績轉眼忘，品德心中留

我一些待人接物的禮貌，就是在這樣的情況學來的。這些禮儀養成習慣後，變成我們的風度和人品。

課本的知識是教不完的，新的知識日新月異地湧出來，但是在社會上，做人的道理是不會變的，我們的教育為何捨不變的不教，而教一些出了社會用不到的東西呢？林語堂曾經嚴厲的指責現在這種「教育為考試，考試為升學」的教育制度，想不到過了幾十年，這個被他說「不知從哪裡搬來，其罪惡罄竹難書」的制度，仍然繼續在荼毒我們的孩子。幸好，孩子每天還是有很多時間跟父母在一起的，我們可以從生活中把孩子一生要用到的品德與禮貌教給他。

「成績轉眼忘，品德心中留」，不論孩子功課怎麼樣，至少一個謙恭有禮、懂得應對進退的孩子在職場上是絕不會吃虧的。

11 當後媽才能教出好孩子？

要維持學習的興趣，就必須有成就感；
興趣的溫度再高，若沒有成就感當燃料，也很快就會冷卻下來。

三、四歲後，很多孩子都開始參加各種興趣班的學習，但像鋼琴、圍棋、英語、跆拳道這類對「學」和「練」的要求比較高的科目，孩子自我的意願通常是很容易放棄，堅持不下去。

這種時候，有些父母往往就憑著自己的經驗，認定這些都是「值得學」的科目，有的老師更會建議「有必要的話，就要當後媽」，關鍵時候必須要逼，否則孩子今後學什麼都容易放棄，而且打罵幾次、堅持下來之後，孩子就能從學習中獲得樂趣，繼而獲得學習這門功能所帶來的好處。真的是這樣嗎？

二十一世紀最被濫用的名詞

「興趣」是二十一世紀最被濫用的一個名詞，可以媲美法國大革命時的「自由」兩個字，不知有多少人假彼之名逃避功課和現實。其實興趣只是動機背後的推手。

要維持興趣，必須有成就感；興趣再高，若沒有成就感當燃料，興趣很快就會冷卻下來。

哈佛大學曾經作過一個很有趣的實驗。研究者找了對樂高有興趣的大學生來，付錢請他們組合樂高：第一次組合完成給二塊錢美金作酬勞，第二次比第一次的報酬少十一分，一塊八毛九，第三次再減十一分，以此類推；學生可以一次都不做，也可以一直做到不想做為止，不限時間。實驗對象分成兩組，待遇一模一樣，但是第一組的人做完後，實驗者會在桌子下面偷偷拆掉再裝回盒子中；第二組呢，實驗者則當他的面把剛剛組合好的樂高拆掉、裝回盒子中。

結果是，第一組的人可以做到十幾次，甚至報酬減到最後幾乎都沒有了還在做；第二組的人就不同了，眼看實驗者當面拆掉他剛剛組合好的樂高，大多覺得前功盡棄，沒有成就感，做沒幾次就不想做了。兩組人原本都是樂高遊戲的愛好者，但是一旦覺得自己在「做白工」，沒有成就感，興趣就消失了。

所以興趣固然重要，成就感更重要。那麼，怎麼樣才能有成就感呢？要靠天賦能力和後天毅力。很多孩子看到別人學才藝，很羨慕，便吵著自己也要學；更多是父母看到別家孩子在學，自己也不是拿不出這個學費，便也送孩子去學。有天賦的孩子，學得輕鬆做得好，便願意再學；沒有那個天賦的孩子，學習變成痛苦的事，就會找各種藉口逃學。父母該做的是了解「不想學」的背後原因，而不是打他罵他，因為打罵並沒有用。

研究顯示，主動學習和被動學習神經連接的疏密不同。但不管疏或密，反正人是終身學習的（科學家已經在大腦中看到終身學習的神經機制），如果他長大後真的有興趣了，隨時可以再學——那時的學習比較有效，也會比較快樂。尤其在藝術領域，天賦的成分比別的領域高，更是無法強迫的。

成功不是贏在起跑點

大部分的中國孩子之所以痛恨學習，很少人在畢業後還會自己拿起書來看，原因就是小時候被打怕了，想到學習就恐懼。其實打罵的高壓手段反而會害了孩子，使他一輩子不愛學習。國際知名大提琴家馬友友的媽媽就曾說，馬友友從來不會因為大提琴拉得不好而挨打，因為打了他，他對大提琴就恐懼，就不會主動去摸它。不摸琴的人，又怎麼會有好的琴藝呢？所以家長千萬不要誤以為打了就會好。這是舊觀念，已不合時宜了。

我們不妨自問：現在在職場上用到的知識，有多少是在學校中學到的？知識翻新得太快，學校教的趕不上職場的需求；孩子若沒有終身學習的態度，是不可能成功的。成功不是贏在起跑點，而是「贏在轉捩點」，只要他有繼續學習的動機，一定有成功的希望。

興趣應該是早上眼睛一張開，就迫不及待想去做的事。興趣代表的是學習驅力，並非學習天分；興趣可以幫助克服困難，使孩子有耐力面對挫折。一個人若是在工作上找到他真正的興趣，就會全神貫注地投入工作，不知疲倦，也不知東方之既白——這時的他，反而是世界上最快樂的人。我希望，每個孩子都能在他人生的路上找到他想要安身立命的地方。

12 空洞的讚美有害無益

人生的幸福不是來自很少的挫折或沒有挫折，
而是迎戰挫折得到光彩的勝利。

《媽媽是最初的老師》的作者蔡穎卿，最近又出了一本新書《小廚師札記──我的幸福投資》，將她舉辦小廚師活動的心得記錄下來與讀者分享。這本書寫得非常好，當中我看了最有感受的是〈讚美與信心〉那一篇，因為她說她雖然常常讚美孩子，卻從不空洞的說「好棒！好棒！」，如果她想稱讚一個孩子，她一定會說出他值得讚美的事實或行為。

這句話對極了。

「你很聰明」不如「你很努力」

沒有事實的讚美是虛假、是敷衍，孩子年紀雖小，沒有不知道這中間的差別的。

有一個實驗，是給美國四百位小學五年級的學生做一個簡單的測驗，做完之後，實驗者把成績告訴孩子，順便送上一句讚美。一半的孩子聽到的是「你很聰明」，另一半的孩子聽到的是「你很努力」。然後實驗者要求這批學生再做一個測驗，但是這一次他們可以選擇：一個測驗是比剛剛的那個難，但是可以從中學到很多東西；另一個測驗則比較容易。結果被稱讚努力的那一組學生，有九〇%選擇困難的測驗，而被稱讚很聰明的那一組，絕大部分選擇了容易的測驗。其實這兩組唯一的差別，只是「讚美的話不同」而已，沒想到被讚美為聰明的孩子就因此害怕萬一做不好，會變成不聰明，就去選擇容易的了。

為了證實被誇聰明的孩子是恐懼失敗而不想學習，實驗者把一個八年級程度的測驗拿去給他們做，結果被誇努力的孩子很用心的解題目，做完都說他們喜歡這個挑戰，但是被誇聰明的孩子就很氣餒，把解不出來的題目視為失敗的象徵，覺得自己沒有那麼聰明。做完後，實驗者讓孩子選擇：看看比自己成績差的孩子的考卷，或是比自己成績好的孩子的考卷。結果，被誇聰明的孩子幾乎全部要求看比自己成績差的考卷，而被誇努力的那一組都對比自己考得好的考卷有興趣，因為他們想知道為什麼別人會，他不會，想知道如何可以考得更好。

最後，實驗者再給這些孩子一個測驗，難度與第一次的測驗相似，結果被誇努力的孩子進步了三〇%，而被誇聰明的孩子退步了二〇%。也就是說，雖然他們還是一樣的聰明，但是八年級考卷失敗的打擊使他們失去信心，原來會做的也不會了。

這個實驗結果令人震驚，更令人深思。瑞士哲學家卡爾．希爾逖（Carl Hilty）說過：「人生的幸福不是來自很少的挫折或沒有挫折，而是迎戰挫折得到光彩的勝利。」只有打敗挫折，信心才建立得起來，才知道自己有能力在這社會上生存得下去。過去的輔導手冊叫孩子早上起床對著鏡子大叫三聲「我最棒、我最好」，以為這樣就會有信心，其實這是自欺欺人，因為信心來自同儕對你長期的肯定，必須真正認識自己的能力所在，才能對自己有信心。

與其批評，不如給他成就感

很多父母愛說「哎呀，你不會，讓我來」或「你做太慢了，不如我自己來」，這種態度，會剝奪孩子學習的機會。

蔡穎卿就說，有一個小廚師計畫中的孩子削皮削到一半就說：「我不想做了。」她沒有說「你做得好棒，再做一下」，而是走過去找出孩子不想做的原因，才發現其實是孩子拿削刀的方式不對，所以削出來的秋葵不及別人的好看，就沮喪不想做了。她說：「一個常被批評比較的孩子，如果躲得掉，他們是寧可不要做。」所以她拿起削刀，握著他的手做兩次，又讓他自己做兩次，確定他可以了才放手。結果他削滿了一盆還問：「還有沒有？我想再削。」

孩子要的不是空洞的讚美，他們要的是建立能力後的成就感。成就感不是禮物，是無法給予的，只有藉著一次次與大人一起做事來贏得這個「能幹」的感覺，最後才能累積成他對自己的信心。所以不要隨便批評或貶低孩子，更不要搶他學習的機會，要常常把孩子帶在身邊，讓他跟你一起做事，從實做中建立他的信心。

13 同學講髒話，怎麼辦？

說髒話是一個社會現實，
我們不能永遠把孩子養在溫室裡，不受污染，而必須教會他因應之道。

我去朋友家商量耶誕節送偏鄉孩子鞋盒禮物之事，發現她五歲的孩子竟然在家，沒有去上學。因為她選的是很貴的一所幼兒園，學費可以比擬美國的醫學院，不免好奇問她：「為何繳了學費而不去上？」

她馬上憤怒起來，告訴我班上來了個「土豪」之子，滿口粗話，她兒子當天回家就講了兩次三字經的省罵，第二天又學了五字經的更不堪入耳的話。她曾聯合幾個家長去找老師，老師勸導無效時，還去找了園長。園長只說會和家長溝通，而溝通尚未完成，她兒子已經國罵、省罵都學會了。

「不反應」是最好的反應

她記得我說過孩子大腦中有鏡像神經元，模仿是最原始的學習，學好不容易，學壞一次就會，所以現正在物色學校，要替孩子轉學。我勸她不要衝動。

孩子常常相互模仿而學到壞行為，我們的確不能控制誰是孩子的同學，就像我們不能控制誰是公寓的鄰居一樣，但是，我們卻可以教導孩子不要學壞。

很多時候，孩子並不知道他在做什麼，他只是把白天學到的東西，回家表演給你看，所以你不要打他，你越大驚小怪，他越愛現來引起你的注意，甚至把它當作一個遊戲。所以父母可以很鎮靜地對孩子說：「這是一句非常不禮貌的罵人話，你這樣說時，聽到的人耳朵會痛，就像現在媽媽的耳朵痛了，就聽不見你後面要講的話了。」然後在下面的一個小時或半個小時中，對孩子的呼喚不要反應，指指你的耳朵，表示它在痛，聽不見。孩子都是愛媽媽的，看到媽媽難過他也會難過，以後就不說了。

這一招對學前的孩子很有效，事實上，對〇到三歲孩子的耍賴，大人的不反應是最有效的一個方式。上學之後，碰到同學講髒話就可以用我兒子老師教的那一套回敬他：兩眼直看著他的眼睛，嘴巴微笑，很堅定的說 same to you。

從實驗得知，模仿對方是認同的第一步，講髒話會拉近孩子（甚至大人）之間的距離，所以家長先不要罵孩子，而是要讓他對自己有信心。你要使你的孩子變成別人模仿的對象，而不是他去模仿別人；也就是說，讓人家來認同他而不是他去認同別人。做到這一點並不難，只要有一個好朋友就行了。兩人同進同出，同時做一件事時，別人自然會來加入他們。

我們在幼兒園中觀察到，當兩個孩子聚精會神在做同一件事時，別人會因好奇而來加入，而越多人加入時，就像耶魯大學的心理學家米爾格蘭（Stanley Milgram）的經典實驗：他請學生站在紐約街頭，抬頭望天，當只有一個人時，別人從他身邊走過，理都不理，但是當三個人抬頭看天時，停下腳步圍在旁邊看天的人就越來越多了。人，是從眾的動物。

聯合好朋友，改變壞孩子

說髒話是一個社會現實，我們不能永遠把孩子養在溫室裡，不受污染，而必須教會他因應之道。就像我們教孩子要先洗手才吃東西，但是也知道他會吃很多細菌進肚子裡，所以退而求其次的方法是增強他的免疫力，讓他變成百毒不侵。現在的臺灣居很貴，我們無法像孟母那樣一直三遷，所以我們得花更多的時間教他對付社會的誘惑，而不是保護他不接觸；就像我們鼓勵孩子小的時候養寵物，一方面陪伴他成長，一方面讓孩子身體內產生抗體，將來長大比較不易敏感。

最近有一本非常好的動物帶孩子走出自閉症的書叫《整個世界只剩下我們倆》（*When Fraser Met Billy*，中譯本時報出版），有興趣的讀者，不妨買一本來看看。

每個父母都希望自己的孩子能「無災無難到公卿」，但是做不到時，也不必太擔心，可以避免的當然要避免，不能避免的要面對，凡事要操之在己，爭取主控權。幼小的孩子最怕被孤立，當土豪的兒子發現別人因為他的髒話而不跟他玩時，就會放棄講髒話而要求加入社群。

我告訴朋友，聯合其他的家長一起改變這個孩子，當我們教育了這個孩子，說不定也改變了他的父母，這就是教育的真諦。

五 不一樣，別緊張

有失讀症、注意力缺失、沒有運動基因……問題的孩子，就是「不正常」嗎？每個孩子本來就都不一樣，父母對待孩子的態度，才是真正決定孩子命運的關鍵。

1 孩子為什麼「左右不分」？

原來不分左右的人類，突然被要求去處理或左或右的工作時，大腦就會犯錯；更別說，學習本來就是會犯錯的。

三歲的孩子畫媽媽時，有的會把媽媽畫得頭下腳上，而且堅定地認為「媽媽就是這樣的」，類似的還有寶寶6、9不分，b、d不分，到底寶寶腦子裡在想什麼？這是正常的嗎？什麼時候才會調整過來？

我們的基因本就不分左右

幼兒畫圖寫字左右顛倒，其實是很普遍的現象。在小學一、二年級之前，全世界的孩子，不論中國、美國都會如此，這跟他的聰明智慧沒關係，是大腦的原因。

我們的大腦皮質在二十萬年前就發展出來了，當文字在五千年前出現時，大腦的每個部位都已有了它專司的功能，如視覺皮質管視覺，聽覺皮質管聽覺，布羅卡區管說話，威尼基區管語言的理解，額葉皮質管思考、情緒控制和抑制衝動等等。突然來了個叫「文字」的東西要處理，怎麼辦呢？

既然不能再長個新的大腦出來，原有的大腦只好借調本來的部位來處理文字。被「調職」的地方叫梭狀迴，本來是處理臉和物體（objects）等熟悉東西的地方。人的臉是左右對稱的，在大自然中，老虎不管從左邊來還是從右邊來，更都是要來吃你的，所以當你看到老虎時，你不會管牠是從左邊還是從右邊來的，第一個反應就是拔腿就跑。這樣一個原來不分左右的人類，有一天突然被要求去處理或左或右的工作時（b和d、p和q是不一樣的符號），大腦就會犯錯；所以孩子在初學文字時，常會有左右不分的現象，父母不必緊張。

我的孩子生在美國，初進小學時就曾分不清b、d和p、q，但兩個月後就不再犯這種錯了。八歲跟我回臺灣學中文時，又是左「阜」右「邑」不分，所以「都」常寫成「陼」、「鄰」則寫成「隣」，被老師罰寫一百遍後才改正過來。阿拉伯數字也是個「人為武斷」（arbitrary）的符號，因此也會有顛倒的情況，我的孩子6和9不分，3常寫成ε，糾正他幾次後，從此就不會再分不清了。他現在在美國矽谷一家電腦公司做事，完全沒有因小時候的錯而阻礙前途，所以父母不必擔心。學習，本來就是會犯錯的。

其實，只要是後天人為的東西，孩子在初學時都會有困難，因為那不是大腦在演化時，祖先在自然中會碰到的東西。文字符號才發明幾千年，就人類整個歷史來說太短了，短到來不及登錄到我們的基因上頭；但是大腦既有學習能力，也有校正自己錯誤的能力，二年級以後這些錯誤便不再出現了。不過，如果到了三年級還是改不過來，最好帶孩子去看醫生——說不定真是閱讀障礙。

至於上下頭腳顛倒，我倒沒有看過這種例子。問了一位美國奧瑞岡大學專攻幼兒認知發展和親職教育的博士朋友，她也不曾見過，所以應該不是很普遍的行為。不過有個幼兒園的老師說，這是孩子看東西角度的問題，她曾見過孩子畫汽車，先畫個長方形，然後把四個輪子掛在兩邊，照說，我們一般只會看到兩個輪子。

不要用四十歲的世故看五歲的天真

孩子畫圖時，不見得是畫實體，他們常畫心目中的影像，或他認為應該要如此的影像。所以孩子的畫大人模仿不來，因為它充滿了天真和童趣。這位幼兒園老師說，以她的經驗，二歲左右的孩子比較會這樣，三歲以後，被大人改正了，就不再這樣畫了。

說實在話，這正是孩子的創作令人驚喜的地方。我們常說，不要用你四十歲的世故去看他五歲的天真，道理就在這裡。

兒童的心智是個奇妙的寶藏，常使我們驚嘆造物者的神奇。在孩子幼小的時候，請不要急著去教他大人的世界，請觀察他，不要干擾他，讓他有機會告訴你，他心目中的世界是什麼樣子。

2 「工作記憶」有缺失的孩子

記憶的本質是個熟悉度，只要增加孩子對事物的熟悉度，就可以縮短處理時間，保留到工作記憶中。

英國約克大學心理系教授蓋德柯爾（Susan Gathercole）發現，英國有十分之一的孩子有「工作記憶」（working memory）上的缺失，他們基本上一次只能做一件事，若是一次交代兩、三件事，做了頭一件，後面的因記憶已流失，就會忘掉。

例如，如果你叫這些孩子「把鉛筆收起來，把練習本放到桌子的右上角，再把音樂課本拿出來」，他會只做第一項，收起鉛筆，就忘記了後面還有兩項，所以他的練習本就沒有放在右上角，班長收本子時就會沒有收他的，而他也沒有把音樂課本拿出來，老師就會以為他沒有帶。這樣的孩子，幾乎每天都會被老師寫聯絡簿；學習上，他們會看了後面的字忘了前面的，就不知道整個句子在講什麼，所以一本書要讀很多遍才會懂。

研究發現，這些行為雖然很像注意力缺失症（ADD），但是他們並沒有過動的傾向，也沒有故意跟大人唱反調或衝動等行為，他們念書都很努力，只是學得很慢，每一科成績都不好。

你可以記得多長的電話號碼？

工作記憶是記憶的一種，它有個中央執行系統，旁邊有兩個幫手：一個專門處理語言訊息，另一個專門處理視覺空間訊息。這兩個幫手就像公家機關的收發室——信件進來先在這裡登記，再送到中央執行系統去處理。

我們記憶的廣度，跟我們每天的生活都有關係，例如打電話，我們會先找出電話號碼，把它記在腦海裡然再後撥號。我們的工作記憶廣度大約是7±2那麼大，即一般人是七，年輕人可以到九或十個，孩子和老人大約是五或六個。這也是全世界的電話號碼，過去都不敢超過七個數字最主要的理由——一般人一次就只能記這麼多。大部分人可以一次撥完八個數字，但是記憶廣度不好的人就只好看一個數字撥一下，速度會慢。如果需要記住這個號碼，則必須複誦很多次、讓它形成緊密的神經迴路，或找出它跟別的已經背熟號碼之間的關係，運用聯想策略把它記住。

一旦它進入長期記憶後，就不必再查號碼了，要用時一想就找得出來。如果第一關的工作記憶不夠大，就會發生「讀到後面忘記前面在講什麼」的現象，學習就慢了。有工作記憶缺失的孩子是所有科目普遍都成績不好，因為記憶是學習的根本，根本有缺失，上層的表現自然無法好起來。

若想知道孩子的工作記憶廣度是多少，最簡單的測試方式就是念一串數字——比如518649372——給孩子聽，請他重複一遍，然後再請他倒著講一遍——也就是273946815。每個年齡的記憶廣度應該有多少，目前已有常模可查，只有落在常模鐘型曲線1.5標準差之外的，才算工作記憶有缺失。

其實，就算孩子的記憶廣度不夠大也沒有關係，因為在知道大腦記憶的本質之後，研究者已發展出很多補救的方法，父母可以在生活中幫孩子改進，完全不必去上那些收費很高的補習班，尤其宣稱「立即見效」的廣告更是不實，因為記憶需要時間去固化（consolidation），學習是要有耐性的。

先天不足的，後天可以彌補

記憶的本質是熟悉度（familiarity），只要增加孩子對事物的熟悉度，就可以縮短處理的時間，幫助它在工作記憶中被保留。另一個方式是增加訊息的意義度（meaningfulness），因為有意義的東西容易被記得，我們可以透過講故事等增加孩子的背景知識，讓他了解這個生字的來龍去脈，把訊息壓縮成有意義的組塊（chunk）。如

CIA本來是三個字母，如果知道它是「美國中央情報局」的簡稱，它就成為一個組塊，大腦不必花三個工作記憶的空間去儲存它，一個空間就夠了。所以有人手機號碼喜歡用連續數字如3456，或相同的數字如888，這樣可以節省儲存的空間。

人是萬物之靈，先天工作記憶不夠大，可以用後天學習策略來彌補。記憶不好的人，可以把事情立刻寫下來，用筆來替代工作記憶，或用口訣（如要記住八國聯軍，可以用「餓的話每日熬一鷹」來代表俄、德、法、美、日、奧、義、英這八個國家）、押韻（如各個民族的史詩）等方式來增加事情的意義度。大腦有很大的可塑性，只要鍥而不捨的練習，相信都可以增加孩子的學習速度。

我們對人生的態度應該是：有缺點沒關係，能改正就不怕，對學得慢的孩子父母親不要氣餒，加倍努力就好；對一切正常的孩子，父母要加倍感恩，感謝上天的恩賜。

3 「注意力缺失」的孩子

透過聯合國經濟合作和發展組織的支助，訓練材料已經放在網路上，不妨讓有注意力問題的孩子做做看。

自從「過動」和「注意力缺失」的孩子越來越多以來，對「執行控制的注意力」（executive attention）的研究也越來越熱門了。

執行控制的注意力，是我們調節（regulate）反應、尤其是在有衝突的情況下調節反應的能力，在我們二到七歲時發展得最快；七歲以後，就跟成人差不多了。

訓練孩子的注意力

最近有一個研究，說明了它的本質、在大腦的部位、補救方法，透過聯合國經濟合作暨發展組織（OECD）的支助，訓練的材料已經放在網路上，父母可以讓有注意力問題的孩子去做做看。

這個研究的對象，是四十九名四歲的兒童和二十四名六歲兒童，男女各半。先給他們做兒童版的注意力測驗（Attention Network Test, ANT），再做智力測驗（Kaufman

Brief Intelligence Test, KBIT），然後請父母親填寫孩子行為的問卷（Children's Behavior Questionnaire, CBQ）。有了前測資料後，開始給孩子做五天的訓練，訓練完再做後測，並用腦波儀收集孩子在做 ANT 時腦殼上的電訊，找到大腦活化的區域，最後用棉花棒取口腔內膜樣本，檢視與注意力有關的基因（DAT1）和過動的關係。

兒童版注意力測驗的作法是電腦螢幕中央有五條魚，孩子只要注意中間的那條魚即可——中間的魚若是朝左，孩子就要按左鍵；若是朝右，就按右鍵。有時兩旁的魚跟中間的魚都朝同一方向，這種一致性會使反應變快；有時兩旁的魚跟中間的魚不同方向，孩子就會受到不一致性的干擾，反應變慢。若把不一致的反應時間減去一致的反應時間，就是衝突的反應時間，也就是執行控制注意力的核心元素。

至於訓練的做法，是在五天中做完所有的練習。

第一個練習是讓孩子用搖桿把一隻貓移到草地上。一開始四周都是草地，後來草地慢慢縮減，泥沼變大，到最後幾乎都是沼澤。第二個練習是要孩子替貓撐傘，使貓不淋濕；第三個練習是帶貓走迷宮，走到終點貓就有食物可吃。

另一個作業是訓練預期：水塘裡有鴨子在游，有時在水面上，有時在水面下，兒童要把貓移到鴨子可能上岸的地方等待著。

區辨的訓練，是要孩子記住某個卡通人物的特徵，然後在幾個類似的人物中挑出他在哪裡。一開始是樣本與人物同時出現，兒童可以直接配對；到後來樣本消失，人物才出現，孩子得把樣本記在腦海中才能正確配對。

衝突的練習用的是「史初普作業」（Stroop task，這是一九三五年心理學家史初普發展出來的衝突作業，受試者要盡快念出墨水的顏色——如用紅色筆寫「藍」這個字，受試者應念「紅」，但藍本身是個顏色名，受試者易受干擾而念成「藍」），孩子要忽略個數多的，去選數字大的；如「七個二」對上「二個九」時，因為九比二大，應該選九，但是七比二多，這使孩子容易犯錯。

做完五天的訓練後，六歲的兒童還要做一個注意力控制的訓練：幫農夫把羊趕到羊圈中。當他在稻草堆上按滑鼠時，稻草堆就會移開，露出後面的羊來；一看到羊就要馬上按滑鼠，把羊移進入羊圈中。但是，有時藏在稻草堆後面的是狼，這時就不能按鍵，不能把狼放進羊圈中吃羊。做到後面，甚至一開始是羊，馬上轉換成狼，孩子必須在正要按滑鼠的那一剎那立刻停止。

適當訓練，就可以加強注意力

實驗結果顯示訓練是有效的：六歲兒童在訓練完後，衝突的反應時間（三十九毫秒）和大人（三十毫秒）差不多，表示七歲以上的孩子在這方面已開始成熟了；四歲的進步效果比六歲的大，表示有成長的因素在內。我們已從誘發電位大腦圖得知，執行注意力的調控在前扣帶迴（anterior cingulate cortex, ACC）和側前額葉（lateral prefrontal）；目前更已發現，有四個與多巴胺有關的基因和執行注意力的效率有關。

研究也發現，四歲時受過訓練的兒童，衝突的反應在前額葉，但六歲沒有受過訓練的控制組，卻都已在前額葉了；這表示孩子再長大一點、成熟一點時自然會做，訓練只是使他早一點會做而已。受過訓練六歲孩子的 ANT 大腦位置在額葉背面（dorsal frontal），這已跟大人的位置很相似了。

以上所說的這些練習，都可以在 www.teach-the-brain.org 網頁上找到。

所以，對於注意力有缺失的孩子，父母不必太焦慮，這些練習是免費的，目前的發現是，二十五小時的訓練就很有效了。匈牙利政府用這套訓練去縮短貧富差距所帶來的個別差異，我們也不妨試一試。

4 不愛讀書不是他的錯

說話是本能，閱讀是習慣。
過高的期待、持續性的憤怒和失望，
不但會傷害孩子大腦的發育，還會導致青少年憂鬱症。

一個憂心忡忡的媽媽問我，她小學一年級的兒子吃完午飯就往外衝，是全班衝得最快的一個，但是不愛寫字做功課，該怎麼辦？

我說，小一的孩子吃完飯不往外衝，父母才要擔心。

過多的期待會毒害孩子

我們的大腦，是演化出來讓我們打獵採集的祖先求生存的，不是做功課的。演化學家認為，人能發展出文字這個「非自然」的溝通工具是個奇蹟，能夠快速的閱讀它，更是奇蹟中的奇蹟。文字的發明才五千年，在演化的歷史上太短了，短到連眨眼的工夫都不夠，因此無法登錄在基因上，因此，說話是本能，閱讀是習慣。不是每個孩子都會閱讀，有一種學習障礙叫「失讀症」（dyslexia），全球約有六％的人口有此毛病，他們的ＩＱ正常，就是不能閱讀。

如果不是先天設定，那麼為什麼大腦又會閱讀呢？因為大腦有可塑性，可以一直不停的因外界的需求而改變內在神經迴路的連接。「學習」在神經學上的定義是「神經迴路的改變與強化」。人類為了把經驗傳承下去，也為了突破口語傳遞的時空限制，這才發明了文字。文字發明了以後，大腦把原來做別的事情的神經元調來處理新發明的符號，這個理論叫做「神經元回收再用」理論（neuronal recycling）。

也就是說，大腦中的確有語言中心，但是沒有閱讀中心，因為它是調兵借將湊合起來用的雜牌軍，大腦中並無專門用來閱讀的部位。為什麼孩子愛往外面跑是正常的？因為我們的祖先平均每天至少得走十二公里去覓食；孩子坐不住也很正常，因為我們的祖先很少坐下來，他們必須不停覓食才能餵飽肚子。人是到了一萬年前進入農業社會之後才安定下來的，所以父母不必太擔憂，孩子在小的時候愛探索、愛遊戲都對他好，他是在學習出社會以後的生存技能，如察顏觀色、人際關係等等。

不過天下的父母都是望子成龍，都害怕孩子少學了什麼，所以約翰・麥迪納在《0~5歲寶寶大腦活力手冊》一書中，整理出父母怎樣才能教養出聰明快樂的孩子。書中一再說，不必花大錢去買像《小小愛因斯坦》（*Baby Einstein*）那種電腦「益智」遊戲（這遊戲現在已經下架，因為美國華盛頓大學醫學院的研究發現它並不能增加孩子的ＩＱ，涉及廣告不實，迪士尼公司只好下架退錢），也不必送潛能開發班，他就他的專業（麥迪納是華盛頓大學醫學院生物工程系發展分子生物學教授）來告訴父母：孩子的成長要順其自然，大腦還未成熟，強迫孩子去做他能力還未到之事，對孩子是傷害。

傷害在哪裡呢？在學習態度。如果孩子因自己不能控制的外力因素（如手還拿不穩筆，寫字會寫出格；智力還未開，聽不懂老師講的東西）而一直受挫時，會因失敗的經驗最後變成「習得的無助」（learned helplessness）。一隻沒有主控權而無辜被電擊的狗，換到新環境可以自主時，之所以仍然趴在電板上接受電擊，就是因為過去「怎麼做都無效」的觀念已經使牠放棄嘗試，選擇坐以待斃了。所以他說，父母過高的期待、持續性的憤怒和失望對孩子是「有毒的」（toxic），這個毒會傷害孩子大腦的發育，並導致青少年憂鬱症。

放對地方，他就是天才

我曾經看過一個父親很得意的把他兩歲的兒子叫來背乘法口訣，孩子背得很順，爸爸臉上有光，期待我們稱讚，但是因為我不認為兩歲會懂「乘」的意義（尤其我在加州大學醫學中心曾見到一個腦傷病人可以背乘法口訣，卻不能做簡單的加減，因為背和計算是不同的神經迴路），所以我就從皮包中拿出巧克力糖說：你背得很好，這兩顆糖給你，你想不想要多兩倍的糖？孩子興奮的點頭，我接著問：那你要幾顆？他一臉茫然，爸爸的臉馬上就陰沈下來了。

我其實不是故意找麻煩，而是我很不喜歡父母把孩子當作跟別人比賽的工具，好像孩子好就是他的成功。

在二十一世紀，任何領域有特長都能出頭，有一句話非常好：「沒有什麼叫天才，把孩子放對地方，使他能力可以發展出來，就是天才。」每個孩子都有天賦的能力，不要截長補短、每天嫌他不好的地方，要鼓勵他發展長處，等長處發展好了，有了信心，短處自然會被帶上來。

孩子是上天的福賜，不是競爭的工具。

5

失讀症者的優勢

生下患有閱讀障礙的孩子，是上天給你的懲罰嗎？

你錯了——美國有很多傑出的科學家都是失讀症者。

有回和一個媽媽聊孩子時，說著說著，她忽然怨嘆地說：「我家世代忠良，造橋鋪路的善事都沒有少做，為什麼生的孩子是閱讀障礙還加上過動？」

我聽了嚇一跳，急忙對她說：「這絕對不是上天給你的報應，千萬不要自責或內疚。孩子會這樣，只是大腦中的神經傳導物質跟別人不一樣，有大腦中的原因，也有環境的關係，有一本書叫《浮萍男孩》（*Boys Adrift*，中譯本遠流出版），裡面有解釋，妳不妨買來參考。總之，無論如何都不是父母的錯。」她走開後，我還是很沮喪，因為父母對孩子的態度決定孩子的命運，她如果覺得有這種孩子是報應，這孩子的將來會可憐。

失之東隅，收之桑榆

最近有一篇研究，發現注意力缺失、閱讀障礙者在某些認知能力上比別人強。這篇文章叫做「失讀症的好處」（The advantage of dyslexia），發表在《科學的美國人》（*Scientific American*）期刊上，作者史耐普（Matthew H. Schneps）是波士頓麻州大學（UMass Boston）電腦系的教授，他本身就是個失讀症者。

我們大腦的右前額葉皮質對視覺上的因果關係很敏感，如果一件事有不對勁，這個地方會馬上活化起來，提醒我們不要上當。有一個實驗是測試一群天體物理學家，請他們在一張看似雜亂無章的圖形中找出黑洞，結果有失讀症的很快就看到了；另一個實驗是請醫學院的學生從很像X光片的模糊影像中找出目標物，失讀症者也是比較快。

在心理學上，有一個「不可能的圖形」（the impossible figures），即它在物理上是不可能的，但是乍看之下，它很正常，以埃舍爾（M. C. Escher）的名畫《瀑布》（*Waterfall*）為例，水明明是往下流，可是你循著它流的途徑「往下看」時，卻發現它往上成為瀑布的源頭。實驗者給大學生看一些這樣的畫，請他們盡快地判斷哪些是合理、哪些是不合理的圖，結果發現，失讀症者反應比正常人快。

這些閱讀慢的學生卻能馬上挑出不合理的圖，令實驗者大為驚訝。探究之下，原來美國有很多不同領域的傑出科學家都是失讀症者，例如一九八〇年諾貝爾獎得主貝納塞拉夫（Baruj Benacerraf）和二〇〇九年的諾貝爾獎得主格萊德（Carol Greider）

都是失讀症者。

《眼見為憑》（*Now You See It*）的作者神經學家凱西・戴維森（Cathy Davidson）在她的書中說，課堂上，老師放一段很有名的實驗短片：黑白兩隊學生在打籃球，老師要大家去數白隊球員投籃的次數。在過程中，有一隻黑猩猩大搖大擺地從鏡頭前走過，大部分人都沒有看到，但她卻看到了，因為她有閱讀障礙，注意力不能集中。失讀症者對不應該在那裡出現的東西（things out of place）特別敏感，別人看到玫瑰，他們看到玫瑰旁邊的野草。

見林不見樹，視野更寬廣

閱讀並非本能，而是習慣，所以要成為一個好的讀者，我們必須不斷的練習，這個練習訓練了大腦，使它跟文盲的大腦不一樣。天下事，有得必有失，在我們逐漸把大腦改為閱讀所需的同時，我們也逐漸失去洞悉大自然中一些東西的本能。

有個實驗對八十二名還沒有學會閱讀的幼兒的視覺注意力（visual attention）進行測試，等他們到了小學二年級時，再測試他們的閱讀能力。結果發現，當年視覺注意力不強、不能聚焦的孩子，後來的閱讀能力也不強，表示視覺注意力與閱讀有關，而且，這大腦的差別可能在出生時就已經存在了。

麻省理工學院的研究者發現，同時在電腦螢幕的中央和旁邊閃英文字母時，閱讀障礙者辨識得比較快。而且他們不僅是在視覺上強，對聲音的辨識也比較好。有一個實驗發現在雞尾酒會中，他們比較能聽到遠處別人的說話。

史耐普下結論說：閱讀障礙的孩子聚焦的地方跟一般人不一樣，他們是見林不見樹，視野比較廣，想法跟別人不同，比較能看到一般人沒有注意到的東西，也較能看到大的局面。現今世界商場上，就有很多成功的大亨都有閱讀障礙的問題，維珍航空（Virgin Atlantic）的總裁李察．布蘭遜（Richard Branson）就是一個好例子；新加坡的李光耀更是傑出的政治家，閱讀障礙並沒有阻礙他們的前途。

對這些孩子，父母的心態應該是「不便」而不是「不幸」。物種要有多樣性，才能在環境巨變時存活下來；人類也是如此，不同，才能各自有發展的空間。大自然並沒有規定每個人都得見到樹，你能見林，這個不同點就是你的優勢。已故管理學大師彼得．杜拉克（Peter F. Drucker）說得好：「重要的是有什麼能力，而非缺少什麼能力。」請用欣賞的眼光去看你的孩子，不論他跟別人有多不一樣，請接納他。

6

用哪隻手吃飯、寫字有關係嗎？

人在愉悅時，學習效果最好；
硬扳左利手，只會造成孩子情緒障礙，
生活在「一伸手就被打」的恐懼中。

孩子用左手吃飯、寫字（左利手），到底應不應該扳？寫字不扳的話，是不是很難寫好漢字？

反過來說，左利手真的比慣用右手的人（右利手）更聰明嗎？有沒有必要刻意訓練右利手的孩子多用左手？如果被老師扳了，會不會影響孩子的認知等心理發展？

會抓老鼠的就是好貓

左利手在人類的演化上，歷史悠久。早在二萬年前山頂洞人時代，左利手的比例就跟現代人差不多了──考古學家從挖掘出來的石器中發現，有二五％的工具是給左利手使用的。

左利手的右腦比較發達，父母應該讓孩子用他最擅長的腦去做事。鄧小平說：

「不管黑貓、白貓，會抓老鼠的就是好貓。」只要能寫字、做事，用哪隻手又有什麼關係？現在已有很多專門給左利手使用的工具，如剪刀，父母不必杞人憂天。

其實左利手有基因上的關係，假如這孩子是左撇子，長輩中就大多有人也是左撇子——揚威日本三十年的棒球手王貞治是個左利手，他的外公就是左利手。研究發現，假如父母雙方都是左利手，那麼有二六％的機會生下的孩子是左利手。既然是遺傳上的關係，就表示是你給他的，請不要打罵他。

人應該「順天」而不是「勝天」，硬扳會造成孩子情緒障礙，試想：如果從小只要一伸手就被打罵，他怎麼不會有「動輒得咎」的挫折感？社會本來就是多元的，我們應該允許不同存在而不是強調一律相同。《禮記・樂記》說：「樂者為同，禮者為異，同則相親，異則相敬。」請從小教孩子包容異己。

左利手有成就的很多，光是美國，就有很多總統都是左利手，如杜魯門、福特、雷根、克林頓、歐巴馬。事實上，自冷戰時期以來，美國總統中只有一人是右利手，所以家長不必擔心左利手的孩子事業發展不利。

那麼，左利手真的壽命比較短嗎？英國、美國和澳洲的新研究都發現沒有這回事。左利手各方面的發展都和右利手差不多，雖然ＩＱ測驗的確比右利手稍高一些，但並沒有高到統計上的顯著性，因此被認為沒有差別。

為什麼一般人會覺得左利手比較聰明，有藝術天才、科學天賦呢？諾貝爾經濟獎得主康納曼（Daniel Kahneman）有一個理由非常好。他說，這是「隨手可得」的決策方式所造成的誤導（availability heuristic）。

說到藝術家，大家馬上想到米開朗基羅和達文西；說到科學家，大家馬上想到愛因斯坦。這些人有什麼共同點？他們都是左利手。所以這種聯想便使人產生錯覺，好像左利手的藝術天分比較高、科學研究做得比較好。康納曼用一個實驗，來說明其實這是一個迷思：他問學生，英文單字中，k在第一個位置的字多，還是在第三個位置的字多？學生馬上想到kid、king、kite……，但想不起k在第三個位置的有什麼字，就很自信的回答「在第一個位置的多」——其實，k在第三個位置的單字比較多。

左利右利，都是父母的福氣

最近的很多相關研究，都推翻了過去對左利手的偏見。例如：研究者在二〇一〇年分析了一五〇〇個病例，發現左利手的思覺失調症患者，並沒有如以前認為的比右利手多；他們同時掃描四六五個人的大腦，也沒有發現左、右利手大腦中的灰質（神經細胞）、白質（神經纖維）在質和量上有任何不同。

美國約翰霍普金斯大學（Johns Hopkins University）的研究則發現，雖然左、右利手的薪資收入沒有差別，但是在高學歷（大學畢業以上）者的收入上，的確有一成到一成半的左利手比右手高。不過，這是因為環境對左利手不利，逼迫他們要更努力求生存。換句話說，也就是范仲淹所說的「生於憂患，死於安樂」——挫折反而造就了左利手的成功。

父母親們，千萬不要硬逼孩子去用右手。人在愉悅時，學習效果最好，若是每天生活在恐懼中，不知何時會因不小心用了左手而被挨打，就會使身心發展遲緩，因為恐懼會抑制大腦的發育和免疫系統的活動。

孩子是上天的福賜，不論左利或右利，請都感恩地接受。

7 不愛聽故事的孩子

多樣化其實是演化幫助動物生存的策略，所以教育不應該把每個孩子教得一模一樣，而應該順其發展，使其有多樣性。

如果妳是個從小就愛聽故事的媽媽，有一天卻赫然發現孩子不愛聽故事，會不會覺得自己的孩子「不正常」？

父母不該「糾正」孩子的偏好

每個孩子都不一樣，當然也就有愛聽故事和不愛聽故事的差別，所以絕對不能說愛聽故事的孩子很正常，不愛聽故事的孩子就不正常。一般來說，女生喜歡聽公主王子之類的童話故事，男生喜歡聽冒險犯難的打鬥故事。這個差別是顯著的，而且直接來自大腦，所以美國的老師會在一、二年級時隨便學生看他們喜歡的書，等養成閱讀習慣了，三年級以後便要求學生挑書單上的書去看。

在大腦的構造上，的確是「男女有別」的。比如說，女生的視覺皮質中，處理顏色和地標的V4神經核比男生大；男生處理距離和方位的V5，則比女生大。另外，男生從枕葉到頂葉（大腦處理空間位置的區域）的「哪裡迴路」（where pathway）比女生大，女生從枕葉到顳葉（大腦處理名詞、具體物件的地方）的「什麼迴路」（what pathway）比男生大。

因此，幼兒園的女生常用紅色、黃色等非常鮮艷的顏色畫蘋果、房子、洋娃娃等靜態，小男生則愛用黑色或咖啡色畫汽車相撞、小人打架、火箭上月球等動態。這個現象，是不分中外、文化語言、社經地位都會看到的，因為它是大腦的關係，所以父母不必憂心去「糾正」孩子的偏好，更不該扮演「神」的角色去改變孩子。

教育不應該把每個孩子教得一模一樣，應該順其發展，使其有多樣性。試想：當每個人都一模一樣時，這個世界有多無趣？

多樣化其實是演化幫助物種生存的策略，如果大家都一樣，那麼當環境改變時，這個物種就滅絕了。但如果每個人都最少小有不同，那些適合新情境的人便能存活下來。父母只要細想一下這個道理，便明瞭不應該把孩子塑造得跟別人一樣了。

在加拉巴哥群島（Galapagos Islands）上，達爾文（Charles Darwin）發現同種的雀鳥（finch）的喙其實各有不同：有的喙容易敲開這種樹的種子，有的喙容易敲開那種樹的種子。所以，當旱災來臨時，只要有某些耐旱的樹活了下來，那麼，那些能吃這些樹種子的鳥也就能跟著存活下來。可以見得，多樣性是「天擇」的一個策略。戰國時代「四大公子」之一的孟嘗君，就因為養了很多「不正常」的門客，包括讓人看不起的「雞鳴狗盜之徒」，但是在孟嘗君遭逢危難的時候，幫助他逃離秦昭王魔掌的卻不是名重天下的門客，而是這些「雞鳴狗盜之徒」。

孩子只應該跟昨天的自己比

除了希望孩子「正常」，中國父母還很喜歡拿自己的孩子跟別人比，其實這也是完全不必的。所謂「人比人，氣死人」，所謂「尺有所短，寸有所長」，每個人都有長處和短處，絕對不能一概而論。我們曾在某個實驗上看過這樣的例子：同一家庭長大的同卵雙胞胎，在做同一件事時，大腦活化的地方竟然不一樣！就連年紀和基因相同（同卵）、生活環境相同（同住一地，由同樣一對父母帶大）的雙胞胎，做同一件事時，各自的大腦都活化不同的地方了，我們怎能把基因不同、家庭環境不同的孩子拿來相比較呢？這是極度的不公平。孩子只應該跟自己比，今天比昨天有進步就該獎勵他。

過了一千三百年，教養孩子最好的教養法則，還是柳宗元的〈種樹郭橐駝傳〉所說的：「其本欲舒，其培欲平，其土欲故，其築欲密。」順其天性而已。

8 你的孩子有沒有「運動基因」？

寶寶很早就會爬、會走，
表示大腦的運動皮質區、身體感覺皮質區與小腦成熟得早，
卻並不代表他就有運動基因。

有的孩子在小的時候就表現出很強的運動能力，比如很早就能翻身、爬行，走路也比同齡的孩子穩和早，使得父母以為，這就是有運動天賦的表現。但是，隨著年齡增長，他們的運動能力卻開始被同齡人追平甚至超過，這是為什麼呢？球感不好的父母，生出來的孩子對打球也沒有任何興趣，有辦法補救嗎？

運動基因不等於大腦成熟度

我們的智慧是先天和後天的交互作用，先天是基因的設定，後天是環境的栽培；而在所有人類的智慧中，沒有一項比運動（包括舞蹈）更需要天賦基因的幫助。有位國家級的教練說：

「運動是最需要天賦條件的一個能力，好的運動員是天生的，一眼就看得出來，

他們跑步的姿勢遠看起來就如一隻飛躍的羚羊，美妙到令人感動。為什麼在奧林匹克運動會中，十項運動的選手這麼被人尊敬？因為這十項競賽中，每一項所需要的天賦條件幾乎完全不同；十項的冠軍是全才的超人，也可以說是上帝創造人的完美成品，所以十項運動的選手非常少，也特別受人尊敬。舞蹈的韻律和節拍感，更是後天訓練不來的；缺少運動基因的人，雖然也可以練，但苦練可以做到動作正確，卻無法使姿態輕盈有韻味。」

也就是說，一個人假如沒有運動基因，再怎麼樣訓練都不可能拿到冠軍。

但是，運動的基因條件不能和大腦的成熟相混淆。如果寶寶很早會翻身、會爬、會走，表示這孩子大腦的運動皮質區、身體感覺皮質區與小腦成熟得早，亦即比別人早包完髓鞘，但這並不代表他就有運動基因。

運動基因大約佔運動能力的五〇～七〇％，作用在心血管的強度、肌肉用氧的有效度、身材上下的比例等等。我們的細胞核中有粒腺體，會製造使肌肉收縮的動力來源三磷酸腺苷（ATP），所以粒腺體越多肌肉用氧的效能越好。幾乎所有參加奧運等級的短跑運動員身上，都有一個叫 alpha-actinin3（ACTN3）的基因。

運動有很多種，每種運動對生理的需求不同，比如長跑的運動員需要耐力，短跑的需要肌肉收縮力。研究發現：西非人適合跑馬拉松，東非人則適合短跑；在舉重和其他運動項目上，白種人（高加索人）則比較傑出。從身材來看，短跑選手需要長腿、窄臀、短上身，而舉重選手正好相反，要短腿（重心才穩）、上身粗壯，身材最好像樹樁一樣。

但是，基因固然重要，後天環境的訓練更重要。舉例來說，澳洲和印度的運動員身上都有ACTN3的基因，但是澳洲的奧運獎牌卻比印度多了許多，因為澳洲重視運動比賽，也肯花錢去栽培運動員。

中國人口十幾億，姚明只有一個

中國人喜歡迷信基因，只不過，就算有最好的運動基因，也不能使你自動成為優秀的運動員，更不要說奧運級的選手。因為成就一個運動員，除了基因，還要有毅力、紀律等高尚的人類情操。

研究文獻指出，傑出運動員是基因和環境交互作用的產物，心血管的機能要強、肌肉收縮要快、營養要好、動機要強……，才有可能造就出優異的運動員。有個好教練再加上自己不斷的練習，可以造就出高爾夫球選手，卻很難造就出NBA級的籃球員，更不要說奧運百公尺短跑冠軍。若是父母沒有球類的天分，孩子對打球也沒有任何興趣，那是因為他身上是你的基因——你都不喜歡了，他又怎麼會喜歡呢？這部分不能強求——中國人口十幾億，姚明只有一個。

運動明星收入很高，父母臉上也有光，但是運動員的生涯很短，一過顛峰，大部分人就只能當教練，除非孩子真正有天分，否則不要為了自己的虛榮心去強迫孩子。同時，造就一個好的運動員，國家和家庭的投資是很巨大的，運動傷害所造成的痛苦也是終身的，父母在送孩子去訓練前千萬要三思。

9

江山易改，本性也可移

「情緒維持幾秒，心情維持一天，性情是終生打造。」
請從情緒著手改變孩子的心情，最後穩定成他的性情。

朋友的一對雙胞胎今年上小學了，但是姊妹兩人性情十分不同——姊姊性急，妹妹慢半拍；每天早上都為上學吵架，令她很困擾。因為雙胞胎外表相同，她便很自然的認為性格也應該相同，所以很想不透，為什麼同一個父母帶的孩子會這麼不同，她很想知道：性情有基因上的關係嗎？

龍生九子，九子不同

這真是個好問題，相信很多父母也都有這個疑惑。從研究來看，答案是「有」，但相關很低，只有〇．四。異卵雙胞胎或兄弟姊妹，在性情氣質上的相關更只有〇．一五到〇．一八。

中國人常說「龍生九子，九子不同」，所以我們本來就不該期待老二會跟老大一樣；同時，性格（personality）的確是建立在氣質（temperament）之上，但氣質與性格兩者之間不是等號。不過，一般來說，氣質是可以改的，如寫〈背影〉的朱自清，他做事很慢，所以給自己取個字「佩弦」，意思是提醒自己快一些（性子急的人就給自己字「佩葦」，要自己慢一點）。

性格的改變就比較難了，所以我們才會說「江山易改，本性難移」。但因為人的行為是先天和後天的交互作用，有決心就一定能改，在研究上，有一句話可供參考：「情緒維持幾秒，心情維持一天，性情是終生打造。」因此，父母可以從情緒著手，改變孩子心情，最後穩定成他的性情。

另一個大家都感興趣的問題則是：耐挫力有沒有基因上的關係？為什麼有人越挫越勇，有人一碰就倒下？

我們常在報上看到像米洛這樣的孩子：父親是個酒鬼，只要黃湯一下肚，就動手打人，凡是會動的都逃不過他的魔掌；最常被打的自然是母親，所以最後母親忍受不了家暴，便拋下孩子離家出走了。母親離家後，父親就把氣出在孩子身上，米洛變成他父親練拳擊的沙袋，每天挨打，姊姊則被父親長期強暴，米洛十六歲時，他父親當所有孩子的面，用手槍把自己的腦袋打穿。

在這種家庭長大，我們會以為米洛一定完了，他姊姊也的確因為童年的不幸陷入憂鬱症的深淵，吸毒、酗酒並有反社會行為；但是米洛卻完全不同：他十四歲就懂得從爛醉如泥的父親口袋中摸錢出來，買食物給下面的弟妹吃，他數學很好，人緣也很好，拿書卷獎，是學生會的主席，最後用獎學金上了大學。他生性樂觀進取，找到心愛的人結了婚，生了兩個小孩，組織了幸福家庭，並且有了自己的公司。從他身上完全看不出他童年的辛酸。

父母的態度，更勝基因

現在，科學家從像米洛這樣的孩子身上分離出三個有關的基因來：第一個是慢的MAOA（monoamine oxidase A）基因，這個基因可以減少創傷的傷痛。MAOA分為慢和快兩種，假如孩子身上有MAOA慢的基因，他會對童年的創傷免疫，痛雖在，卻不能刺傷孩子；而有MAOA快的基因的人，如米洛的姊姊，就會發展出典型的「受虐兒長大變成施虐者」的反社會行為，因為這個快的基因過度刺激海馬迴和杏仁核，使創傷記憶留下更深的痕跡、痛苦更大。

第二個是DRD4-7（dopamine receptors D4，是多巴胺受體七號版本）基因，這個基因幫助孩子抵抗不安全感。有DRD4-7這個基因的孩子，不安全感不會發展出來，它像把大腦外面包上一層絕緣材料鐵弗龍，使它不受傷害。沒有這個基因的孩子，則會受到父母冷漠、喜怒無常行為的傷害，導致終生的不安全感。

第三個是5-HTT基因，這個基因與抗壓性有關。5-HTT是血清張素的傳送基因（transporter gene），它像台卡車，把血清張素運送到大腦的各個部位，而血清張素跟我們的情緒、睡眠、記憶、動機都有直接的關係。這個基因有長的和短的兩種，長的基因會保護大腦不受到壓力的傷害，自殺危險性較低，反彈回來的可能性高；短的基因會使負面的反應升高，容易憂鬱、沮喪。有短的5-HTT基因的人不太會調控他們的情緒也不太會交際，所以有的孩子對壓力敏感，有的孩子具抗壓性。

然而，基因只是傾向（tendency）而不是命運（destiny），事實上後天環境非常的重要，它會激發（trigger）基因的表現。這也就是為什麼，思覺失調症在貧民窟發生的機率比較高。

每個孩子本來就不同，請父母不要把孩子跟別人比，也不必太在乎別人會而自己孩子不會的項目，因為一定也有自己孩子會而別的孩子不會的地方。請用欣賞的眼光來看待孩子，家庭不應該是「虎媽」說的「戰場」，父母對待孩子的態度，才是真正決定孩子命運的關鍵。

10 早早訓練孩子情緒調節

教養孩子，情緒一向比知識重要得多；
知識永遠可以學習，不會控制自己情緒的孩子卻會挫折一生。

有回搭高鐵時，車廂裡有兩個孩子在車廂裡追逐玩耍，越玩聲音越大，同車乘客的眉頭都皺了起來，每雙眼睛幾乎都看著這兩個孩子的媽媽。

眾怒之下，一個媽媽伸手拉住她奔跑的孩子，低聲哀求說：「寶貝乖，這裡不能大聲玩，媽媽拜託你。」小女孩不理，甩開她媽媽的手，大聲說：「我就要！」另外一個媽媽也拉住她的孩子，卻用手托起他的頭，很嚴肅地說：「林○○，我有沒有告訴過你『在公眾場所不可以吵，會妨礙到別人』？這裡就是公共場所，你要安靜。」當母親連名帶姓的教訓孩子時，孩子馬上就知道媽媽是玩真的，也的確有講過在公共場所不可以喧嘩，這裡是高鐵，是公共場所，他就知道自己犯規了，所以乖乖坐回他的位子上，拿起一本書來看。

當那個小女孩又來找他時，他沒理她，車廂便安靜下來了，但這幕情景還是讓我忍不住嘆了一口氣——如果這兩位母親早一點約束他們的孩子，旁人就不會白眼相向了。

孩子其實不希望你溺愛他

臺灣的父母不愛在外面管教孩子，卻很愛在外面數落孩子，殊不知管教可以，數落不行。從動物實驗上知道，一個不對的行為要馬上遏止才會有效，而數落會傷孩子的自尊心，使他自暴自棄。

這兩個母親的管教方式，後者顯然比較有效。

品德的內化，需要孩子從心中認同這個道理，所以管教必須有一致性，沒有討價還價空間，還要說清楚、講明白隱含其中的道理。第一個媽媽只是哀求孩子聽話，既沒有告訴她，在公共場所應該怎麼樣，也沒有說出她的行為為什麼不對，而且在孩子回應「我就要」時，也沒有立刻糾正她，讓孩子知道跟長輩不可以這樣講話，這是沒有禮貌。這種任性行為長大後，會變成「只要我喜歡，有什麼不可以」的態度，將來出社會一定有苦頭吃。

研究發現，孩子不見得感激父母的溺愛、放任管教方式。這個研究是探討獨裁式、威權式、溺愛式和忽略式四種管教方式中，哪一種最有用。結果，從幼稚園到高中，孩子都比較喜歡父母「嚴格但合理」的威權式管教，不喜歡父母溺愛的放縱式，更不喜歡不管他的忽略式，他們認為：有求必應的父母是逃避管教責任，而放任的父母是不關心他、不在乎他。

研究也指出，在所有管教項目中，最重要的是教會孩子管理情緒；情緒調節能力（emotion regulation），更是預測學業成績和人生快樂最強的指標。

西雅圖太平洋大學腦科學中心的主任麥迪納發現，最好的教法是教孩子用語言表達情緒。我們大腦中，語言和非語言的系統是兩個不同卻糾結在一起的神經系統，小時候，我們的這兩個系統還沒有連結得很好，所以身體感受到生氣或恐懼的生理反應時，大腦並不知道是怎麼回事，反而會激發更強的情緒反應。但是假如大人能適時告訴他「你現在在生氣、在恐懼，我知道你現在的感覺」，他就會學習把這兩個系統連接在一起，就會安靜下來。

語言不只可以穩定孩童的心情，其實大人也是——再難過的事，只要跟別人講過以後，情緒就會好很多。

情緒也並不難教，麥迪納說，只要常常注意寶寶語言和非語言的線索，對他的情緒作出同理心的回應就可以了；反而是情緒若沒有正常發展，以後會很麻煩。研究發現，腹內側前額葉皮質（ventro-medial prefrontal cortex）受傷後，病人就沒有了喜怒哀樂的感情；沒有感情就沒有偏好，沒有偏好，不但不能做決定，連朋友也交不到。一個沒有朋友的孩子，就注定了孤單、寂寞。

情緒比知識重要得多

中國父母通常很關心孩子吃飽了沒有，卻不太在意他的情緒（可能也不知道怎麼管）；孩子鬧情緒時，父母多半是假裝看不見，希望它會自己過去。這其實是很危險的做法——孩子會解讀成父母不關心他、不愛他。

在成長的過程裡，絕大部分的孩子最想要的常常不是物質上的享受，而是精神上的關懷，所以麥迪納博士才會建議我們教孩子把情緒說出來，好讓父母可以幫助他。正所謂「令人痛苦的不是事件本身，而是對這事件的看法」，例如很多孩子都有過嫉妒的經驗，也會因此而大哭大鬧，如果讓他學會這個不舒服的感覺叫「嫉妒」後，父母就可以教他用同理心去排解。

教養孩子，情緒一向比知識重要得多；知識永遠可以學習，但是一個不會控制自己情緒、ＥＱ不好的孩子會挫折一生。俗語說「在家靠父母，出外靠朋友」，成功的人多半是人脈豐富、有朋友相助的人。大陸有句順口溜「朋友是風，朋友是雨，有朋友就能呼風喚雨」。早早訓練孩子情緒調節，他一生會受用不盡。

11 為什麼孩子要說謊？

愛因斯坦說：「一個沒有犯過錯的人，也沒有嘗試過新事物。」

一犯錯就要挨打，以後就不敢做事了。

朋友激動地打電話給我，大聲嚷道：「你能相信嗎？還在包尿布的小鬼就會說謊了！」原來她那兩歲多的兒子打破了碗，怕媽媽罵，偷偷把碎片撿起來丟進垃圾桶裡，上面還會拿幾張衛生紙蓋著掩飾。朋友去倒垃圾時，習慣性的用手一壓，好綁緊垃圾袋，結果戳到了手，這才發現。

問兒子時，孩子堅決否認，說是狗打破的。朋友氣壞了，問我：「人性本善還是本惡？為什麼這麼小就會說謊，而且抓到了還耍賴？現在不處理，以後會不會騙更大，禍國殃民？」

敢說真話，就不會撒謊

人性本惡？禍國殃民？言重了。

兩歲的孩子，怎麼知道打破東西會遭殃？一定是我們曾經打罵過他，他會害怕才說謊。其實人哪有不犯錯的？人有失常，馬有亂蹄，我們大人自己不是也會打破東西嗎？只要不是故意的，就不必懲罰他。愛因斯坦說：「一個沒有犯過錯的人，也沒有嘗試過新事物。」一犯錯就要挨打，以後就不敢做事了。以前臺灣物資缺乏，打破東西時，大人心疼物品，打小孩是「情有可原」；現在不一樣了，已經沒有必要為物品而打小孩了。再說這孩子很聰明、很早熟，懂得從別人的觀點來看事情，碗丟到垃圾筒後，還會想到用衛生紙來蓋住，這個「遠見」就不簡單不是嗎？

我勸朋友一定要利用這個機會讓孩子知道：無論做了什麼事，只要誠實跟媽媽說，媽媽會幫你一起解決。

建立孩子說真話的信心，是非常重要的事。如果孩子有事不敢告訴父母，那才會闖大禍。曾有兩個小兄弟去玩水，弟弟掉到河裡去了，哥哥怕挨罵不敢說，把弟弟的拖鞋用沙埋起來，上面插個塑膠湯匙做記號，跑回家去棉被蒙著頭睡覺。因怕挨罵，反而送了弟弟一條命。

父母都希望，能把自己累積了一生的經驗傳給孩子，使孩子不重蹈我們的覆轍；但是，假如父母看到孩子時，嘴一張開就是挑毛病，孩子一定會退避三舍，請問這經驗怎麼傳得下去？假如孩子看到你，就像《紅樓夢》中賈寶玉看到賈政那樣「老鼠避貓」的話，親子溝通除了棍子就沒有別的方式了。

人性是本善的，不喜歡說謊，從實驗上可以看到，說謊時，大腦的厭惡中心會活化起來。但是很多時候孩子是無可奈何，不得不說謊，因為他達不到你的期望，又不想讓你失望，只好出此下策。如果孩子考了零分回來，你能控制你的脾氣，跟他說：「你很誠實，敢拿零分的考卷給媽看，這是面對事情的勇氣，我很高興你誠實又有勇氣，這次沒關係，下次再考好一點吧！」那麼，你會發現孩子反而會發奮圖強，努力讀書來報答你。鼓勵的效果，絕對比「吊起來打」好很多。

事實是，我們做父母的很少從孩子的觀點來看事情。如果你不在乎分數，他又何必作弊或藏匿成績單？說謊絕對是錯事，是不對的行為，但是有時想想，孩子說謊我們大人是否也有責任呢？

該檢討的其實是大人

我從美國回臺灣後，印象最深刻的一件事，是去考試院改高考的卷子。我是最後一個改的人，改完後，要把總分加起來。但我發現我無法加，因為我給的是正分，而前面二位老師給的是負分，正負不能相加，我只好重新來過。這件事令我深刻感覺到，東、西方教育孩子的理念有多不同。

臺灣教育的理念是求全的，這裡沒答好，扣一分，那裡又沒答好，扣一分，最後再看你總共被扣掉多少分；而美國的理念是正向的，這裡答對了，給一分，那裡又答對了，再給一分，所以雖然最後都是五分，但意義完全不同：美國肯定孩子的表現，你得到了（earned）多少分；臺灣是譴責孩子，你沒做好，失去了多少分。這個求全挑毛病的習慣，在中國是一個根深蒂固的病態，我們常不自覺就批評起孩子，弄到連兩歲的孩子都害怕犯錯，該檢討的實在是我們大人啊！

任何美德的養成都要靠鼓勵，打罵則是戒除的手段；如果要孩子誠實，那麼他說實話時，就不能打罵他。我告訴朋友：人性是本善的，你的孩子是為了怕你生氣才做出更令你生氣的事。如果蹲下來、從他的角度來看事情，你會發現你有一個孝順、體貼的兒子。打破的碗，金錢可以買得回來，失去的親情，沒有東西可以替代。不要生氣，檢討自己吧！

12 你是孩子最好的老師

人的性格，本來就是先天和後天交互作用的產物；
孩子身處的環境，更對他的氣質有塑造的力量。

孩子的氣質，是否天生註定、長大了也改不了？有位媽媽就曾寫信給我，說她孩子皮得不得了，即使從高處摔下來，也是哭兩聲就又爬起來繼續跳，使她三天兩頭進急診室，疲於奔命。

從她的來信中我隱約感覺到，她是怪公婆在孩子小的時候寵壞了，養成孩子天不怕、地不怕的性格。她請教專家時，專家舉了哈佛大學兒童發展學家凱根（Jeromy Kagan）的研究，說性格不能改，「三歲定終身」，以後一輩子都是這樣。那麼，她該怎麼辦才好？

三歲定終身？言之過早

凱根的這個實驗，其實最近已有了「修正版」。

威斯康辛大學的戴維森（Richard Davidson）重做了這個實驗，結果發現不全然如此，他的受試者中，有三分之二的孩子三歲時的性格到九歲時改變了，只有三分之一維持不變。戴維森說，「也許凱根實驗的受試者正好都是氣質不能改的孩子」，這是很客氣的說法，因為凱根是戴維森在哈佛念博士時的老師。事實上，戴維森之所以會想重做這個實驗，就是他發現當年對孩子害羞還是不害羞的分類竟是父母親自己的話，但那明顯是主觀的判斷，而不是客觀的證據。以現在做實驗的標準來說，當然是有瑕疵的。

另一個他要重做的原因，是凱根採用孩子進實驗室後所講的第九個字的長度來判斷孩子是否害羞——單字短的表示害羞。至於為什麼是第九個字，凱根沒有特別說明，但是戴維森認為這太過武斷。那些問「那是誰？」的孩子，不見得比說「媽咪，媽咪，坐在那裡的人是誰？」更害羞，有些害羞的孩子反而會一直重複問，所以他覺得，有必要重做這個實驗來確定孩子的氣質是否不能改。

因為有了前車之鑑，他的設計比凱根的嚴謹了很多。首先，他找了三六八個三歲的寶寶來做這個實驗；其次，他在實驗室地上擺了很多玩具，如積木、洋娃娃、小卡車等等，等孩子坐定了以後，讓一個用遙控器控制的機器人進入房間，跟孩子說：「嗨，我是機器人羅比，我是來跟你玩的，你願意跟我玩嗎？」再根據孩子的反應——有些是嚇得僵住不敢動，有些是馬上跑過去摸羅比，有些則是靜靜觀察、慢慢靠近——把孩子依表現分類為害羞組、大膽組及中間組。

等他們九歲時，他再把他們找回到實驗室來觀察，設計了三個情境：

第一個情境，是讓孩子走進一間已有一個陌生人坐在那裡看書的房間。他發現，有的孩子會馬上走上前去問：「你在看什麼？」；有的會不理陌生人，自顧自玩地上的玩具；有的會害怕到僵住，不敢再往前邁一步。

在第二個情境裡，他讓一個研究生戴一個很可怕的狼頭面具跟孩子說話，然後再把面具脫下，問孩子要不要戴戴看。有些孩子會害怕得往後退；有些會很熱情的想玩。

第三個情境則是讓孩子進入一個很奇怪的遊戲室，裡面有七呎長的隧道、平衡桿，以及大猩猩面具。

從這三個情境，他測量孩子有多快去跟陌生人說話，讓不讓陌生人坐在他旁邊跟他一起玩，跟陌生人說話的時間有多長，要隔多久，他才會走到離陌生人三呎的範圍內，以及敢不敢戴狼面具等等。除此之外，他還記錄這些孩子的腦波，好跟三歲時收集的相比。結果發現，有三分之一的孩子跟凱根說的一樣，小時候害羞長大也一樣害羞，小時候很皮長大也一樣皮；但是，他實驗裡的孩子有三分之二改變了，而且腦波形態也跟著改變，表示這個改變是實際存在的。

好好教，他就會改變

改變的原因，跟這些孩子三歲到九歲中間的環境很有關係。

一個原本很害羞的孩子，因為他的姐姐很外向，有許多朋友來家裡玩，加上在學校裡碰到了好老師鼓勵他跟同學玩，並教他應對的方式，所以到九歲再回到實驗室來時，就從害羞組轉到中間組來了。另一個原本很皮的，看到機器人一進來就馬上爬到機器人身上，戳它的眼睛，而且吵著要把機器人帶回家的孩子，不幸在他五歲時，父親意外死亡，母親帶他改嫁，繼父每天打他，他就從一個活潑好動的孩子轉變為不敢動、不敢摸、害怕動輒得咎的孩子了。

人的性格，本來就是先天和後天交互作用的產物，環境對孩子的氣質有塑造的力量。尤其現在科學家已經發現，環境甚至能深入細胞層次去開啟或關掉基因（這個機制的神秘面紗現已慢慢在揭開中），所以我那時告訴這位媽媽，現在還要告訴更多媽媽：「不要放棄，好好教，孩子是有可能改變的。」

國家圖書館出版品預行編目（CIP）資料

大腦科學的教養常識：父母應該把握的幼兒發展關鍵
／洪蘭著 . -- 初版 . -- 臺北市：遠流 , 2015.04
面；　公分 . --（大眾心理館；414）（洪蘭作品集；14）

ISBN 978-957-32-7607-4（平裝）

1. 親職教育 2. 子女教育

528.2　　104003898

大眾心理館 414
洪蘭作品集 14
大腦科學的教養常識
父母應該把握的幼兒發展關鍵

作者——洪蘭
主編——林淑慎
特約編輯——陳正益
行銷企劃——葉玫玉、叢昌瑜

發行人——王榮文
出版發行——遠流出版事業股份有限公司
104005 臺北市中山北路一段 11 號 13 樓
郵撥——0189456-1
電話——(02)2571-0297
傳真——(02)2571-0197
著作權顧問——蕭雄淋律師

□ 2015 年 4 月 1 日初版一刷
□ 2024 年 5 月 16 日初版十七刷
售價新台幣 280 元（缺頁或破損的書，請寄回更換）

ISBN 978-957-32-7607-4

YLib.com 遠流博識網
http://www.ylib.com　E-mail: ylib@ylib.com